Paris, Antiquité de la fascination

パリ 魅惑のアンティーク

石澤季里 Kiri Ishizawa
写真 景山正夫 Masao Kageyama

阪急コミュニケーションズ

個性的であることを善しとし、個々の〝スタイル〟を確立することに骨身を惜しまないフランスでは、「美人女優の○○さんに似ている」や「イケメン俳優の●●さんばり」が最高の賛辞や褒め言葉にならない場合が多々あります。それは、有名な誰それさんより、「私らしさ」が最も素敵なことだと胸を張って生きるフランス人の自負でもあるのです。

本来であれば残っているはずもない古いものが、その手作りの風合いの魅力や他にはないきらりと光るセンスの良さによって、何十年、いえ何百年もの間、次々に人の手を経て今なお存在する。アンティークがフランス人に愛される訳は、そのどれもが一点物で、贋作を作ったところで、決して真似し尽くすことができない〝スタイル〟を確立しているからに違いありません。

そんなアンティークの魅力や価値を知り尽くすパリの人たちは、本当にアンティークが好きです。学業を終え、ひとり暮らしを始めたばかりの若者のアパルトマンでは、田舎のおばあちゃん家の屋根裏部屋に眠っていたアール・デコ時代の食器棚がメンテナンスを終えて再び現役で使われ始めていたり、若き婚約者の指には、未来の夫の家族に代々受け継がれてきたサファイヤリングが煌めいていたり……。休日ともなると、クリニャンクールはもちろん、パリのあちこちで開催されるアンティーク&ブロカントの屋外市には、等身大のお宝を求めて〝シネ〟して廻る老若男女が集い、にぎわいを見せているのが常です。

そうして求めたアンティークは、愛し慈しみ、次の世代に受け渡すのがマナーです。その行為を指して、アンティークを「育てる」といいますが、まさに、パリジャンの生活と「アンティーク育成」は切っても切れない絆で強く結ばれているのです。

パリジャンの生活には、ワードローブからインテリア雑貨まで、作られた時代も場所も異なるブロカントから超高級アンティークまで思い思いの「古きよきもの」が溢れていて、現行品とはまったく違う異彩を放っています。また、それと同時に、レストランやホテル、美術館や図書館といった公共施設にもごく自然にアンティークが融け込み、それぞれの役割分担を果たしているのです。パリの街は、アンティークとともに生き、アンティークとともに進化してきたといっても過言ではありません。

パリのアンティークを掘り下げることで、パリの歴史や彼らの生活が見えてくる。皆さんにとって、この本がパリ発見の新たなツールになることを祈っています。

クリニャンクール
ルイ・ヴィトンのトランク ▶P24
シャンデリア ▶P42
レースのハンカチ ▶P86
小箱 ▶P94
ポスター ▶P100
古書 ▶P130
バルボティン陶磁器 ▶P162
鏡の家具 ▶P168
バッグ ▶P188
18
19
9
10
エルメス・ヴィンテージ ▶P30
オートクチュール・ヴィンテージ ▶P36
2
1
20
傘 ▶P106
3
ローズカットのダイヤモンド ▶P18
ピケ ▶P118
ホテル ▶P208
銀製品 ▶P154
アート・ポピュレール ▶P180
4
11
アール・デコ ▶P56
文房具 ▶P124
インダストリアル・アート ▶P174
6
5
12
13
14

パリ
アンティークマップ
Carte Antique de Paris

パリ 魅惑のアンティーク　目次

II 日常の中にもアンティークを

Ⅲ アンティークでちょっと贅沢に

ショップ情報の見方

- 住所
- 電話番号
- 最寄りの地下鉄駅
- 営業時間
- 休業日
- メール・アドレス
- ホームページ・アドレス

※ ショップ情報および商品価格は2009年9月現在のものです。

I

あこがれのアンティーク

宝飾時計

Montre-bracelet

しなやかな女性の腕をゴージャスに飾る

右から、1940年代、ヴァシュロン・コンスタンタンとジャガー・ルクルトの共同製作6,900ユーロ。戦車のキャタピラを模したタンク・ブレスレットが魅力15,600ユーロ。留めがベルトバックル式のロンジンのホワイトゴールドウオッチ3,300ユーロ。

元来性格が男っぽいのか、それとも時間に追われる貧乏性が身に付いてしまっているのか、アンティークのなかでも特に「時計」に惹かれます。時には文字盤に数字も目盛りもないジョージ・ジェンセンのヴィンテージ・ウオッチなどを購入して、「直しがいのない時計」と修復家に嫌みを言われることもありますが、陶器の文字盤に洒落た字体で数字の描かれたノスタルジックな懐中時計など見るといてもたってもいられず、ついつい頭のなかでそろばんを弾いている自分がいます。

そんなわけで、見た目はライターのような１９４０年代のヴァン・クリーフ&アーペルの携帯時計から、ダイヤモンドがびっしり鏤められた19世紀の女性用懐中時計まで、私の宝石箱のなかには「時計」と名の付くコレクションがかなりの数並んでいます。

そんな時計のなかでも、種類も豊富で常に新鮮なものに出会えるのが女性物の「宝飾時計」です。かのマリー・アントワネットが老舗時計ブランド、ブレゲの愛好者であったことはよく知られていて、先日も王妃の存命期間中には完成することがなかったという超複雑懐中時計のレプリカが東京・銀座のショールームに展示されて

Eve Cazes & Mikaël Dan
エヴ・カーズ&ミカエル・ダン

20 rue de Miromesnil 75008 Paris
01-42-65-95-44
M Miromesnil OP 11時〜18時半（月曜は14時〜）
CL 日曜、祝日
URL www.mikaeldan.com

右●上品な日本人女性にお勧めの19世紀初頭のエメラルドとナチュラルパールのネックレス。Tシャツと合わせてカジュアルに。12,000ユーロ。　左●綺麗な色石の組み合わせが魅力。1950年代のブローチ兼ペンダントヘッド5,400ユーロ。

いました。王妃自ら夜会やオペラのスケジュール管理をしていたとは思えませんが、愛人との密会には時計が必須だったのかもしれませんね。

しかしながら、19世紀のフランスでは、女性が人前で時計を見ることは「はしたないこと」と思われていたのです。淑女たるもの社交にかける時間はたっぷりあることが贅沢であるとされていましたし、実際、細々した家の仕事は召使いがするもので、マダム自らが奔走するなんて野暮以外の何ものでもない、と認識されていたからです。

そんな習慣は、第一次世界大戦をきっかけに大きく変化します。戦場に出かけた男たちの代わりに、女たちは事務所や商店を切り盛りし、それとともに時計は必需品になりました。また、同時に時間を確かめるために、いちいちポケットから取り出す懐中時計より手軽なリストウオッチが好まれ始めたのです。

その後、世界が再び平穏さを取り戻した1920年代、時計を身に着けることが習慣になった女性の夜の外出のために生まれたのが、パーティードレスとも相性のよい「宝飾時計」です。カルティエやヴァン・クリーフ&アーペルはジャガー・ルクルトやパテック・フィリップに、またティファニーはモマド、ブルガリはヴァシュロン・コンスタンタンにムーブメントを依頼し、見た目も中身も最高級のゴージャスな時計が次々誕生しました。

そうした「宝飾時計」の流行は、1929年、ジャガー・ルクルトが14×4・85ミリの極小のムーブメント「キャリバー101」を発明したことでも拍車がかかり、第二次世界大戦が勃発するまで女性たちの細く、しなやかな腕を飾り続けました。この

上●アール・デコ時代の典型的なサファイヤとダイヤとプラチナの宝飾時計 4,500ユーロ。　下●鏡を見るふりをして何気なくバックから取り出したいビルマ産のルビー付き 18K のコンパクト。

右●ミレーユ・ダルクに似た美人のエヴ・カーズ女史。　左●ショップはオークションハウス、サザビーズからも近く、周りにはアート・ギャラリーが点在する。

時代の時計はメンテナンスさえすれば100年以上動き続けるそうです。昨今ますますレア物のダブルネームの「宝飾時計」は、見つけたら即買いをお勧めします。

私がアンティーク・ジュエリーの師匠と仰ぐカーズ女史のショップ、「エヴ・カーズ」には、そうしたゴージャスな「宝飾時計」が揃っています。25年前に一流ファッションブランドが軒を連ねるサン・トノレ通りからほど近いミロメニル通りにショップをオープンして以来、ディオール・ジュエリーのデザイナー、ヴィクトワール・ド・キャステレーヌ嬢から有名料理評論家のコフ氏まで、多くの有名人を虜にしてきました。また、貴族やブルジョワ階級といった社交界の友人も多く、彼女が身に着けたアンティーク・ジュエリーは、次の夜会で真似する人が現れるというファッションリーダー的存在でもあります。

パリ、エレガンスを地でいくカーズ女史が教えてくれたのは、「宝飾時計」をマニッシュなブラックスーツの袖口からちらりと見せるシックな装い。皆さんも試してみてはいかがでしょう？

ローズカットのダイヤモンド

Diamant taillé en rose

まばゆい光の乱反射に
魅了される山形カット

レース編みのような金細工が美しい 19 世紀後半の 18K の指輪。中央のダッチ・ローズカットダイヤは 2ct.10,000 ユーロ。

長い間、ダイヤモンドはインドでしか見つけることのできない貴重な宝石でした。しかしながらその価値は、石の美しさより、「アダマス（征服されざるもの）」と呼ばれる、その〝硬さ〟にあったようです。その証拠に、エリザベス1世は全身にダイヤモンドを鏤めて英国を繁栄へと導いた女王の強い支配力を象徴しましたし、フィレンツェを世界に名だたる芸術の都に発展させたメディチ家のコシモは、ダイヤモンドを紋章にし、何にも勝る権力を誇示しました。

そんなダイヤモンドの魅力が、「硬さ」から「煌めき」に変化するきっかけになったのが、16世紀半ばに生み出された3〜36面体の山形カットの出現です。このカットは、薔薇のつぼみにも似ていることから「ローズカット」と名付けられ、19世紀後半までダイヤモンドの主流カットとして愛され続けました。

みなさんは、昔の肖像画を見てダイヤモンドが黒く描かれていて不思議に思ったことはありませんか？　これは、ダイヤモンドを透かして、裏側の金属が真っ黒に見えるからです。ローズカットの出現と同時に、職人たちは石の底面に「パイヨン」や「ホイール」と呼ばれる金属の箔を張ってダイヤモンドの輝きを生かす工夫をし始

Gorky Antiquités

ゴルキー・アンティキテ

Le Louvre des Antiquaires 12 Allée Boulle
2 place du Palais Royal 75001 Paris

01-42-60-22-76　M Palais Royal-Musée du Louvre

OP 11時〜19時　CL 月曜（7〜8月は日曜も休み）

j.krisyan@gmail.com

URL www.louvre-antiquaires.com

めました。なかには箔に色付けし、カラーダイヤモンドのようにして用いたり、箔の代わりにローズカットダイヤの平らな底面を用いる（！）離れ業をやってのける職人も現れ、以前にも増してダイヤモンドは特権階級の人々の所有欲を刺激したのです。

18世紀後半にロンドンの研磨工房で、今私たちのよく知る58面体の「ラウンド・ブリリアントカット」が生まれました。ブリリアントカットは、ダイヤモンドの屈折率を計算し、その輝きが完璧に発揮されるカットとして有名です。

ブリリアントカットの普及によってローズカットは過去の産物になりましたが、いびつながらも職人の手によって一粒一粒、丁寧にカットされたローズカット・ダイヤモンドを愛して止まないアンティーク・ジュエリーファンは後を絶ちません。かくいう私も、光の具合によって思いがけない乱反射を生む、ローズカット・ダイヤモンドのファンの一人なのです。

ローズカットのダイヤモンドを生かしたジュエリーに、舞踏会用のブローチとして好まれた「トランブルーズ」（フランス語で「震えるもの」という意）があります。ダイヤモンドの小花の萼《がく》部分にスプリ

右●イスタンブール生まれのヴァルジャン・クリスヤン氏。店名のゴルキーは、彼が愛するアルメニア人画家の名前。　左●フランスをはじめ、ロシアや東欧の職人芸が生かされたアンティークが豊富に揃う。

ングを用いて小刻みに震えるようにセッティングした「トランブルーズ」は、踊るたびに胸元で揺れて、まばゆいばかりのスパークルを放ちます。スプリングが傷みやすいため、年々見つけにくくなっているジュエリーですが、いつかは手に入れたいと切に願っています。また、オランダやトルコなど、一部の都市でだけ研磨された「ダッチ・ローズカット」のダイヤモンド・リングも魅力的です。ダイヤモンドの指輪というと、つい、ブリリアントカットの婚約指輪を思い出しますが、ドーム形が美しいダッチ・ローズカットは同じ一粒ダイヤモンドでもひと味違った個性を放ちます。

上●ハンガリー製の 14K のブローチ。　中●ローズカットダイヤの通常の留めと、箔が敷かれ裏側がクローズバックセッティングになっているダッチローズカットダイヤの留めと箔。　下●美しく揺れるトランブルーズ。12,000 ユーロ。　左●永遠を意味する蛇のブレスレット。

右●エアコンが効いて、夏でも冬でも快適にアンティーク散策ができるアーケード。
左●アーケードは、パレ・ロワイヤル広場に面した絶好のロケーションにある。

パリジェンヌはアンティークのなかでもダイヤモンドが大好き。そのため、どんなショップでもダイヤモンドのジュエリーを定番的に扱っていますが、ルーヴル美術館の向かいのアンティーク・モール「ル・ルーヴル・デ・ザンティケール」にスタンドを持つヴァルジャン・クリスヤン氏の「ゴルキー・アンティキテ」は別格です。1923年に共和国ができるまで、ビザンチン帝国の再興であるオスマン・トルコ帝国は、インド国境から東欧、エジプトまで領土とする大帝国でした。皇帝をはじめ、金持ち階級の富は桁違いで、クリスヤン氏の祖父は、そうしたお金持ち相手にアンティーク・ジュエリーを販売していました。彼は祖父の残した大粒のダイヤモンドを元手に86年にショップをオープン。

現在は、それほど大きな石が取引されるのは稀ですが、それでも年代、国、スタイルとバラエティーに富んだダイヤモンド・ジュエリーを見比べながら、好みのものを探すことのできる数少ないショップです。

ルイ・ヴィトンのトランク

Malles Louis Vuitton

個性溢れる
セレブな旅の必需品

手前は 1888～ 96 年にルイ・ヴィトンで作られていたトランク。かつては目印としてオリジナルカラーのラインを入れるのが常だった。3,000 ユーロ。

かれこれ20年以上も前のこと。パリ、シャルル・ド・ゴール空港の到着ロビーで自分の荷物が出てくるのを待っていると、バゲージ・クレームにどう見ても持ち主は同一人物の10個以上のルイ・ヴィトンの小型トランクが次々に流れてきました。ヨーロッパ間のフライトならまだしも、当時、日本発のフライトでは珍しいことだったのでどこのお金持ちかと不思議に思って見ると、そこには〝お洒落な大人のカップル〟で有名だった故・安井かずみさんと加藤和彦さんの姿がありました。使い込まれたトランクは、お洒落な彼らのライフスタイルを映し出すようで、若い私は、いつか二人のようにスタイリッシュで優雅な旅をしてみたいと憧れたものです。

もともとルイ・ヴィトンは、ナポレオン3世（1852〜70年、第2帝政時代の皇帝）の時代に、皇后ユージニーや宮廷に集うご夫人たちが旅するとき、衣装を箱詰めして運搬する王室御用達の梱包業者でした。当時、貴婦人のフォーマルドレスといえば、マリー・アントワネットの再来ともいえる鯨の骨で大きく膨らましたペチコート、クレノリンを身に着けるのが常識でした。そのため、ルイ・ヴィトンはクレノリンがすっぽり入る大きな箱や、豪華な衣装、手袋、ヴェール、

Le Monde du Voyage
ル・モンド・デュ・ヴォヤージュ

Marché Serpette Stand15 Allée3
110 rue des Rosiers 93400 Saint-Ouen
☎ 06-09-62-38-25 Ⓜ Porte de Clignancourt
OP 金曜7時半〜12時、土曜9時半〜17時半、日曜10時〜17時半、月曜11時〜16時 CL 火曜〜木曜
✉ hzisul@club-internet.fr URL www.lemondeduvoyage.com

扇、そして大ぶりな帽子という細々したものを、傷つけずに旅先まで運ぶための特別な箱を生み出す必要がありました。

また、当時は男性も女性同様厳しくドレスコードが定められていたため、夫婦が旅するとなるとその荷物の量は途轍もなく、長期滞在となればその量は倍増しました。人と家が一緒に旅するような時代、ルイ・ヴィトンの箱は、まさに「家具」と同じ役割を果たしていたのです。

我が儘なお客の要求に応える高級ホテルのバトラーを、フランス語で「ヴァレ」といいますが、かつて彼らの役割は、宿泊客の荷を

右●2代目オーナーのアラン・ジスルさん。　左●狭い店内ながら、様々なトランクが並ぶショップ。エルメスの旅行鞄や若干のアクセサリー類も揃っているのでクリニャンクールを訪れる際には是非足を運びたい。

ほどいてクローゼットに収納したり、また、それを元通りにトランクに詰め、帰り支度を専門にする係だったそうです。最初は「荷物を片付けるだけで1日が終わってしまう」業務がピンとこない私でしたが、その後、現在90歳になるフランス人マダムの話を聞いて合点がいくようになりました。

彼女は戦前、太平洋を横断する豪華客船でよく船旅を楽しんだそうですが、当時はひと月旅するとなると30個の帽子と同じだけの靴が必要だったそうです。そのため荷物の量は第2帝政時代のご婦人たちとなんら変わりなく、旅といえば客室のベッドの下にぴったり収納できるルイ・ヴィトンのトランク30個とともに一斉移動することでした。先々ではポーターやボーイが荷物を運び、客室には荷物をとく「ヴァレ」がいる。戦前は、彼女のようなお客が沢山いたおかげでホテルの「ヴァレ」の仕事は成り立っていたわけです。自分では一生所有するチャンスには恵まれそうもないルイ・ヴィトンのトランクは、それらを自ら運ぶ必要のないセレブリティーのためにあるものなのだ、と改めて認識したエピソードです。

右●1920〜30年代の帽子専用のトランクの内部。編みの部分には大きなつばの帽子も楽々入る。　左●キューブ型が珍しい。7,500ユーロ。

クリニャンクールのマルシェ・セルペットの「ル・モンド・デュ・ヴォヤージュ」は、20年以上も前からルイ・ヴィトンのトランクを扱う専門店で、時にルイ・ヴィトン本店より珍しいトランクが揃うことで有名です。ここでは1896年以前のモノグラムなしのものから、スーツ4着、コート1着、シャツ20枚、靴5足、そして傘にステッキ、ネクタイ、下着、帽子まで効率よく収められる定番アイテム「ワードローブ」まで、時代もスタイルも様々なトランクが集められています。

特注の多いルイ・ヴィトンのトランクは持ち主のパーソナリティーを反映しています。音楽家が自ら演奏する楽器を運ぶために注文したトランクや、旅先でアフタヌーンティーを催すためのイングリッシュ・ティーセット用などの奇想天外なトランクは、持ち主のライフスタイルに思いを巡らす楽しさを私たちに与えてくれます。

右●引き出し付きのトランク 15,000ユーロ。 中●コートダジュールの優雅な旅を彷彿させるステッカー。 左●特注ではパーツの素材も選べる。手前は最高級の真鍮の金具、革縁製。奥は木製金具、鉄縁製。

エルメス・ヴィンテージ

Hermès Vintage

最高のエルメスをオークションで手に入れる

幅 56cm の旅行用鞄「ドラッグ」の
エスティメート価格は 2,800～ 3,200 ユーロ。

パリ滞在中、暇さえあれば入り浸っているのが、オペラ座の裏手にある老舗オークションハウス、ドゥロウ競売場です。3フロアにわたる16の部屋では毎朝下見会が行われ、ルネ・ラリックのジュエリーからピカソの絵画まで、コレクター垂涎ものの由緒正しいアンティークが出展されるうえ、それらを誰もが自由に身に着け、触れることのできる夢のような場所。そして午後2時のベルとともに何かしらの競売が開催されます。

ドゥロウ競売場は自社で鑑定から競売までをまかなうサザビーズやクリスティーズといったオークションハウスとは少し違っていて、競売場の近隣に事務所を構える鑑定家がドゥロウの一室を借り、競売にかける商品を集め、値段を査定し、コミッセール・プリズール（競売吏）とクレール（補佐役）を雇って競売を催すというもの。それゆえに、扱う商品の幅もカテゴリーも広いのが特徴です。なかには、1箱いくらで取引されるガレージセールのような地下の競売から、これぞというコレクションアイテムが競りにかけられるエントランスフロアの競売まで、値段レンジもいたって様々。そのうえ、オープンを待って館内になだれ込むコレクターやプロの業者

Hôtel Drouot

ドゥロウ競売場

9 rue Drouot 75009 Paris

01-48-00-20-20 M Richelieu Drouot

OP 11時～12時半、14時～18時30分

CL 日曜、祝日

URL www.drouot.com

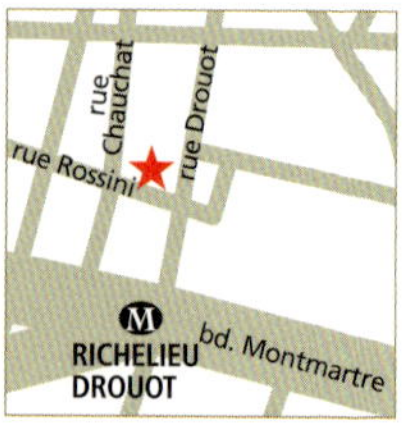

地下鉄のドゥロウ・リシュリューから歩いて1分のところにある歴史ある「ドゥロウ」の競売場。昨今、資本家のピエール・エルヴェの所有になって勢いが増している。

Chombert & Sternbach
ションベール&ステルンバック

16 rue de Provence 75009 Paris
01-42-47-12-44 Ⓜ Richelieu Drouot
OP 9時半～17時半 CL 土曜、日曜
chombert-sternbach@luxexpert.com

に混じって商品を吟味したり競りに参加する高揚感たるや並大抵でなく、ついつい病みつきになってしまうのです。

1960年代のAラインが好きなことと、現代ものには見られない丁寧な仕事やひと手間かけたフィニッションのよさに惚れ込んで、膝丈から、長くてもくるぶし丈のヴィンテージのカクテルドレスやディナードレスを、パーティー用ドレスとしてよく購入しています。これぞという晴れの舞台には迷わずディディエ・ルドー氏のショップ（▼36ページ）を選びますが、それ以外には、パリにも沢山あるお洒落なヴィンテージ・ショップや、月3回程の割合で開催されるドゥロウのヴィンテージ・ドレスのオークションを上手に活用しています。

そんなヴィンテージ・オークションのなかでも、鑑定家、マダム・ションベールの「エルメス・ヴィンテージ」オークションは、マニアだけでなく、手頃な値段でいつもとは違うお洒落を楽しみたいと思うパリジェンヌの間で大人気です。彼女が第1回の「エルメス・ヴィンテージ」の競売を開催し

たのは今から15年前のこと。当時はまだ、一部のマニアのコレクターしか興味を抱いていなかったエルメスグッズですが、その後、家具やドレスやジュエリー等、あらゆるジャンルで「ヴィンテージ」の株が上がったことと、階級差を無視したアメリカや日本のブランド志向がフランスにも流れ込んだことを受けて、現在では2日間のオークションに毎回700点以上のものが出展され、エスティメートの30倍もの高値で落札されるものも現れるようになりました。

「24fbg St.Honoré」と印刷された1930年代のお宝バッグはもちろんですが、コレクターが好むマニア向けのアイテムは、時計ブランドのモマドやジャガー・ルクルトが時計の機械部分を担当した30〜40年代の時計です。また、ユニークな図案

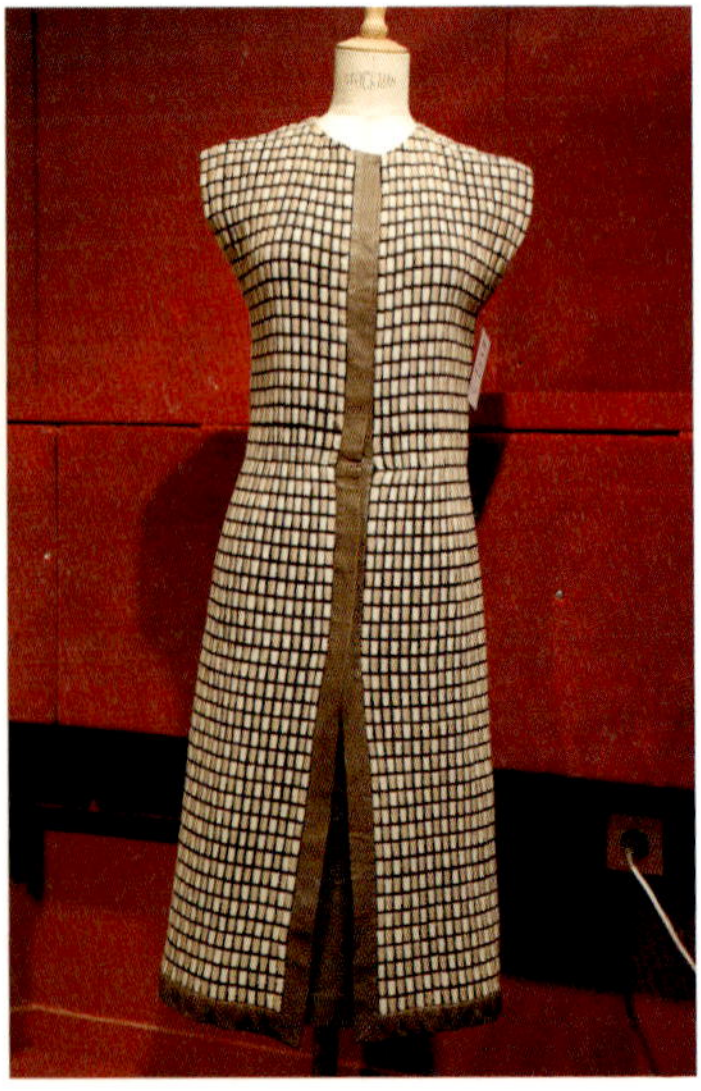

右●今日からでも着られそうな70年代のワンピース。エスティメートは300〜350ユーロ。　左上●通常のバーキンは16,000〜18,000ユーロだが、珍しい素材の1点物は22,000〜24,000ユーロで落札されるはず。　下●レアなエナメル製の旅行用時計。メカはモマド。

上●毎シーズン新作が発表されるスカーフは90～110ユーロで取引される。　下●父上が毛皮ブランドを持っていたことからファッションに興味をもちはじめたというヴィンテージファッションの鑑定士、マダム・ションベール。

のスカーフや、本店で注文しても3年待ちの「ケリー」や「バーキン」は、クロコやオーストリッチといった特注のものでなくても状態のよいものはパリジェンヌの間で引っ張りだこなのだそうです。

わかりやすい「ロゴ」で戦うのではなく、オリジナリティーや手縫いといった時代を超越した最高のクオリティーを提供することを信条とするフランスの代表的老舗ブランド「エルメス」。人気沸騰中の「エルメス・ヴィンテージ」は、いつしか100年以上経た美術品のくくりである「アンティーク」の仲間入りをするのでしょうか？　確固としたブランドポリシーを掲げる「エルメス」には、変わらぬ美を追求してほしいものです。

DIDIER LUDOT
PALAIS-ROYAL
PARIS
CHANEL
BOUTIQUE

83年以降、カール・ラガフェルド就任後のシャネルスーツも各種揃えている。1,000ユーロ〜。

オートクチュール・ヴィンテージ

Haute Couture Vintage

世界に1着だけの購入できるアート

春から秋にかけては薔薇が咲き乱れ、秋から冬にかけては落ち葉の絨毯が美しいパレ・ロワイヤル公園は、とてもパリらしい私のお気に入りのスポットです。庭を見下ろすアパルトマンに暮らしたジャン・コクトーも常連だったという、ミシュランの3つ星レストラン「グラン・ヴェフール」は、ネオ・クラシシズムのインテリアと期待を裏切らない味が魅力ですし、庭に面したアーケードには、ミュウ・ミュウやトム・フォードなど、お洒落な眼鏡のセレクトショップ「マルク・ル・ベアン」もあり、パリ滞在中には必ず1度は出かけます。

またここには、1680年の設立以来多くの演劇通を魅了し続ける古典演劇劇場コメディー・フランセーズがあります。私にとっても今から15年程前に、庭の野外劇場でシェークスピアの「ロメオとジュリエット」を観たことは忘れられない思い出です。途中思いがけない雷雨で中断したものの、最後は満天の星空のもと、ロミオがジュリエットの亡骸を乗せて筏を曳くという、哀しくも美しい演出でした。それ以後何度も「ロメオとジュリエット」を観ましたが、これほど感動した舞台はこれが最初で最後です。偶然が味方し

Didier Ludot
ディディエ・ルドー

Jardin du Palais Royal 20-24,
Galerie Montpensier 75001 Paris
01-42-96-06-56 Ⓜ Palais Royal
OP 10時半〜19時 CL 日曜、祝日
didier.ludot@wanadoo.fr

右●オートクチュールドレス、プレタポルテ、ブラックドレス専門店と、パレ・ロワイヤル広場に面したアーケードに３軒のブティックがある。　左●店内には状態のよいヴィンテージモードが所狭しと展示されている。

て池には満月まで映し出されて、そのドラマティックな様子が今でも脳裏に焼き付いて離れません。

ここ10年程で、「モード」はすっかりアートの仲間入りを果たしたといえるでしょう。それには、このアーケードに店を持つ、オートクチュール研究家、ディディエ・ルドー氏の貢献が大です。ルドー氏の実家は洋裁店で、彼は子供の頃から美しい布やキラキラしたビーズやボタンをおもちゃにして遊んでいたそうです。

クリスチャン・ディオールのようなデザイナーになることを夢に、彼がパリに上京したのは今から30年程前。間もなく彼は、友人の貴族の女性にオートクチュールドレスを転売することを勧められました。当時の女性たちはドレスを2度身に着けることはなかったため、それらのドレスはとても状態がよく、手刺しのビーズ刺繍や繊細なチュールを何重にも重ねた完成度の高さはアートそのものでした。その美しさにたちまち魅了されたルドー氏はデザイナーになる夢を諦め、その部門の先駆者としてドレスをコレクションして、販売するというビジネスを提唱し始めました。

　モード展が観るアートだとしたら、ルドー氏のショーウインドーに飾られた宝石のようなドレスは、まさに購入可能なアートです。しかも、彼の顧客にはムーシャ・プラダなどのファッションデザイナーが後を絶ちません。そんなわけで、数か月後、彼らが生み出すコレクションのなかに彼のドレスのディテールが反映され、ヴィンテージには興味のない一般女性たちが袖を通す現行品のファッションとして売り出されるようになるのです。ルドー氏のウインドーを飾るヴィ

右、中●1961年に発表されたクリスチャン・ディオールの夜会用ドレス。バックの大きなリボンがエレガント。　左●53年のピエール・バルマンの贅沢なドレスは、美しい刺繍と6重ものチュールで膨らましたスカートが見事。

かつてルイ 14 世の甥、オルレアン公の宮殿があったパレ・ロワイヤル公園は、パリのど真ん中にありながら、優雅でのんびりした時間が流れている。

右●いつ会ってもファッショナブルなディディエ・ルドー氏。　中●1969 年のカルダン・クチュール 1,500 ユーロ　左●1959 年のシャネルのオートクチュールのモスリンのカクテルドレスはとてもエレガント。

ンテージのオートクチュールドレスは、古いものでありながら、いうなれば流行の最先端というわけで、彼のブティックを素通りしてパリを離れることは不可能になってしまうのです。

ルドー氏は、無個性になりがちなブラックドレスもオートクチュールにはディテールも凝ったものが集まっていますし、また、肩を出しても問題のない日本の結婚式なら、白い夜会服のなかからウエディングドレスを選べばチョイスが豊富だとアドバイスしてくれました。比較的抵抗なく試すことのできるブラックドレスやウエディングドレスから、フランスの伝統ともいえる、世界に1着だけのオートクチュールドレスに挑戦してみませんか？

シャンデリア

Lustre

ガラスと光の
煌めくマジックを楽しみたい

アメシストやシトリンといった鉱石のパーツに反射した光が力強い光線を放つ、17世紀ルイ14世スタイルのシャンデリア 8,000 ユーロ。

ヴェルサイユ宮殿のメインホールのひとつに鏡の間があります。全長73メートル、幅10メートルの回廊に、17の半円アーチ形の鏡が埋め尽くされた部屋には１０００本以上の蝋燭が灯るシャンデリアがあり、風に揺れてガラスパーツがプリズムのように煌めきます。そこでは、鏡に映る自分の姿までが幻想的。まるで白日夢の世界に迷い込んでしまったかのような、そんな錯覚さえ抱いてしまいます。かつて宮殿を訪れた外交使節は、まずこの鏡の間に通され、ヴェルサイユの桁外れの豪華さに驚嘆したのだそうです。

鏡の間の建設は１６７８年から始まりました。当時鏡は国内生産され始めたばかりで小さなものしか作ることができなかったため、この広間だけで４００枚もの鏡がつぎはぎされているそうです！　また、鏡以上に、この部屋の演出を盛り上げているのがシャンデリアの存在です。当時蝋燭は非常に高価で、まさにシャンデリアの存在が王の財力の証しでした。とはいえ、

Carmina
カルミナ

Marché Serpette Stand 38 Allée 1
110 rue des Rosiers 93400 Saint-Ouen
☎ 01-49-45-11-24　M Porte de Clignancourt
OP 9時半～18時（金曜は8時～12時）
CL 火曜～木曜
car.mina@wanadoo.fr

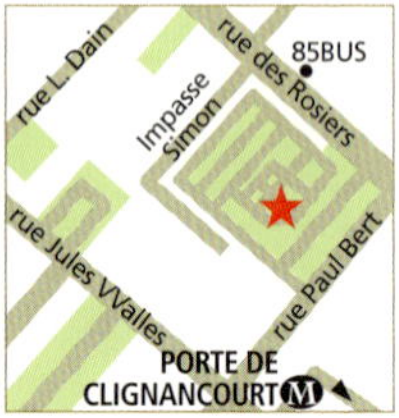

Taraj Fatmir
タラ・ファッミール

Marché Paul Bert Stand 19 Allée 1
18 rue Paul Bert 93400 Saint-Ouen
☎ 06-14-38-15-87　M Porte de Clignancourt
OP 9時～18時（金曜は8時～12時）
CL 火曜～木曜
fatmir.taraj@wanadoo.fr

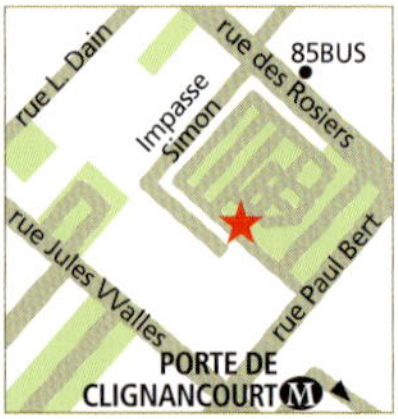

1950年代のクリスタル硝子のシャンデリア700ユーロ。昨今、男性的なインダストリアル・アートとエレガントなシャンデリアを組み合わせるのが流行している。

蝋燭の灯は案外暗く、人々はどうやってその灯を効果的に用いるかに頭を悩ませていました。そうして編み出されたのが、バックに鏡を用いてその反射で部屋をより明るくするというアイデアです。そんなわけで、昔から鏡とシャンデリアは常にセットで用いられるのが習慣でした。

13世紀はじめにヴェニスで生まれた工業生産のガラスはヴェネチアン・グラスと呼ばれ、東方貿易とともにコンスタンチノープルや中東に輸出され高額で取引されました。ヴェニス共和国政府は、ガラスの技術が海外に流れるのを恐れ、1292年に職人をムラノ島に強制移住させ、逃亡を図った人は死刑に処するなどして、技術の流出を避けました。また、その一方で、男性には剣を持つ貴族の権利を与え、女性は貴族と婚姻させるなどして職人たちを優遇し、より高度な技術研究への意欲をかき立てたのです。

炉から出したばかりの軟らかいソーダガラスを、カンナの技術ひとつでハンドメイドするヴェネチアン・グラスのシャンデリアは、色付きの花や葉などのパーツが縄形のガラスに絶妙に絡まるのが特徴です。

ヴェネチアン・グラス同様に愛されたのが、硬い鉱石に反射することによって大広間を光の海に沈めてしまう、アルプスの水晶のシャンデリアでした。ヴェネチアン・グラスが華やかで女性的だとしたら、こちらは重厚で男性的。しかし、水晶は高価で巨匠の絵の3倍もするため、ごく限られた人にのみ許されるものでした。

そうしたジレンマを解消したのが、1816年からロレーヌ地方のバカラ村で作られ始めたクリスタルです。従来のものより鉛の含有量が多く硬いバカラのクリスタルの反射率は水晶と同じくらいシャープです。また、同社は機械技術の進歩によって、涙形や菱形のパーツで豪華に飾り付けた4メートルの大きさのシャンデリアまで製作することに成功しました。こうして人々は、映し出すものを高貴なベールに包み込むシャンデリア・マジックを、水晶よりずっと手軽に手に入れられるようになったのです。

バカラのクリスタル効果を上手に利用したのが王政復古の時代の王

マルシェ・ポール・ベールにインダストリアル・アートの店をオープンするタラ・ファッミール氏。彼の後ろには、19世紀の工場で用いられていた時計が。

手前はカフェの棚の支え。その他、ピクルスを漬けるガラスの器やシンプルでありながら美しいフォームのクリスタルや白い陶磁器のピッチャーなど、100〜120ユーロの商品が揃っている。

たちです。シャンデリアによってライトアップされた王の食卓は、訪れた人にヴェルサイユ宮殿の栄光を彷彿させ、その様子がジャーナリストによって新聞に書き立てられたことにより、フランスは再びヨーロッパの経済大国のひとつに返り咲いたといいます。

このところシャンデリアは人気アイテムで、クリニャンクールの「カルミナ」や「タラ・ファッミール」でも様々なタイプのものが購入できます。17世紀さながらの水晶をカットしたもので100万円ほど。また、1950年代のクリスタル製ならその10分の1で手に入るので、予算に合わせたシャンデリア・マジックを楽しみたいものです。

プティ・パレの1階には、1909年、ギマールが妻と暮らしたモザール大通りのアパルトマンのダイニングルームを移築した部屋がある。

アール・ヌーヴォー

Art Nouveau

いつか手に入れる日まで、
まずは美術館で

ルイ王朝を皮切りに、フランスのアートの様式は時の統治者ごとに移り変わるのが特徴です。パリで在学中、外国人の私が様式を理解するときの第一関門が、フランス人なら誰もが知る、誰がどの時代の人で、どんな偉業を成し遂げたのかということでした。

そんなアート様式のなかで、初めて、統治者とは切り離された時代にあるのが１８８０年から１９１０年頃に花開いた「アール・ヌーヴォー」様式です。「アール・ヌーヴォー」、つまり「新しいアート」という言葉は、今までの概念を打ち破る新しいアートという意味だけでなく、統治者たちの趣味や政策とは関係ないところで花開いた自由なアートという意味が込められていたものだと思います。

１８５１年にアルバート公の貢献によってロンドンのクリスタルパレス万博が開催されると、ヨーロッパ中で鉄骨とガラスを用いた新しい建築様式が流行し、お金持ちの間でサンルームや温室を持つことがステータスになりました。そんな流行に先駆けて、当時フランス東部のナンシーの植物園では海外から輸入された新種の花の展覧会が開催され始めました。

petit Palais
プティ・パレ

Musée des Beaux Arts de la Ville de Paris
Ave. Winston Churchill 75008 Paris
01-53-43-40-00 Ⓜ Champs Elysées Clémenceau
OP 10時～18時（木曜は20時まで） CL 月曜、祝日
URL www.petitpalais.paris.fr

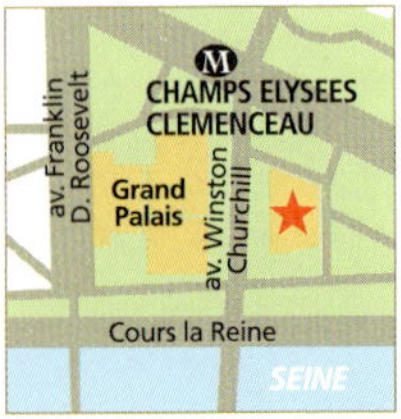

上●総面積 5000 平米の美術館には、自然光がふんだんに取り入れられている。　下右●中庭に面した回廊にはカフェが。　下左●階段の欄干までがベル・エポックらしいガーランドスタイルでまとめられている。

右●小学生が本物を見ながらスケッチの授業をしていた。芸術がいかに身近なものかを物語る。　左●プティ・パレは、1900年の万博のために立てられたネオ・クラシシズムスタイルの建物。宮殿の名にふさわしい厳かな外観。

ナンシーで、父の跡を継いで陶磁器のアトリエを構えていたエミール・ガレも、そうした園芸家の一人でした。彼は、毎朝庭に咲く花をデッサンするのが習慣で、ある日、そのデッサンを自らの作品のモチーフにすることを思いつきます。そうして生まれたのが、ロシアや中国の薔薇や蘭をモチーフにした、あの有名なガラス細工です。彼を筆頭にナンシー派の「新しいアート」は1900年のパリ万博で大々的に取り上げられ、ヨーロッパを駆け抜ける芸術様式「アール・ヌーヴォー」として開花しました。

植物や昆虫などの自然や女性の身体の曲線をモチーフにした詩的で幻想的なアール・ヌーヴォースタイルは、日本人にも人気のアンティークです。一時は日本のアンティーク・ショップなどで、目の玉が飛び出るような高値

パリのメトロの入り口は、当時の花形デザイナー、ギマールの手によるデザイン。万博によって流行したガラスと鉄骨は、建築にもたくさん用いられた。

で取引されていたアール・ヌーヴォーのアンティークも少しだけ下火になって、最近は適正価格に落ち着いたような気がします。とはいえ、すでに100年経ち、立派なアンティークの仲間入りをしたアール・ヌーヴォーのオブジェは、作られた時代も短く品数も少ないので、リーズナブルとまでには至りません。まずは、美術館などで目を養い、実際に手に入れる日を待つことをお勧めします。

5年間の大々的なリノベーションを終え、近年美しい姿に生まれ変わってオープンしたプティ・パレ美術館は、そんなアール・ヌーヴォースタイルの宝庫です。ここは1900年の万博の際に「フランス芸術の総回顧展」という大展覧会のために建造された建物で、当時人気のガラス天井やアール・ヌーヴォーの曲線を感じさせる階段の欄干が、華やかかりしその

上右●ドラマティックな色合いのユージェーヌ・ルリエーヴル作、ひょうたん型の陶磁器の水差し。持ち手は象牙製。
上左●1905年、フーケ作「フーシャの首飾り」。　下●1900年のパリ万博に出展されたエミーユ・ガレ作、吹きガラスの花器「緋色のけし」。

彫刻によって、自然界に存在する植物の葉脈や茎の節の何気ないフォームを芸術品の粋まで高めた素晴らしいアール・ヌーヴォーの家具。

時代性を物語っています。また、中庭には池があり、それを囲むようにモザイクの回廊が造られています。現在ここはカフェになっていて、季節ごとの花々を眺めながらお茶を飲んだり軽い食事が楽しめる憩いの場所として親しまれています。

もちろん、パリ市所蔵品の層の厚さも圧巻です。フランス人にとって、パリを代表する歴史的建造物プティ・パレに所蔵品を寄贈することは大変なステータスでもあるので、当時一世を風靡した女優サラ・ベルナールの有名な肖像画や、カルティエのジュエリーデザイナー、ジャコのファミリーが家に残るデッサン画すべてをここに寄贈したというのもうなずける話。そうした個人の寄贈品ばかりで創り上げられたコレクションは、ガレやドームのガラス細工はもちろんのこと、パリのメトロの入り口をデザインしたギマールの家具、フーケの宝飾品まで、アール・ヌーヴォースタイルの装飾美術作品も千差万別。

また、同時代の印象派の絵画やロダンの彫刻も一堂に観ることができて、入場料は無料！　こんなところにも、〝アートの街〟と語られるパリの懐の深さを感じてしまいます。

アール・デコ

Art Déco

大ブーム到来の
美しくピュアなライン

様々なデザイナーのものを組み合わせても、美しい調和を生むアール・デコスタイルのインテリア。ランプはコレクター垂涎のジャン・ミッシェル・フランクのもの。

ジオメトリックなラインが特徴のアール・デコスタイルは、アール・ヌーヴォーの曲線に飽きたデザイナーたちの間で１９２０年頃に生まれ、第二次世界大戦が勃発する39年まで流行したデザイン様式です。このデザインモチーフの普及には、当時フランスに亡命したロシア人興行師、ディアギレフのロシアバレエの派手な演出と衣装、また船や汽車の旅、自動車といった高速の移動手段のほか、雑誌というメディアも大きく影響を及ぼしています。

もうひとつ、アール・デコのキーワードを握っているのが「女性」です。第一次世界大戦によって男性の代わりに社会進出を果たした女性たちは、戦争の恐怖に脅かされながらも、枠にはまった社会常識から解き放たれて日々自由に遊び興じ、それによって化粧品やジュエリー、アクセサリーが重要視されるようになります。アール・デコスタイルが女心をくすぐるのは、それが働く女性たちの美のシンボルでもあるからなのです。

アンティークに流行があるのはいつも述べていることですが、このところ異常なにぎわいを見せているのがアール・デコスタイルの名作家具のオークションです。イヴ・サンローランがコレクション

Vallois
ヴァロア

41 rue de Seine 75006 Paris
01-43-29-50-84 Ⓜ Mabillon
OP 10時～19時（月曜14時～、土曜10時～13時、14時～19時）
CL 日曜、祝日
vallois@club-internet.fr

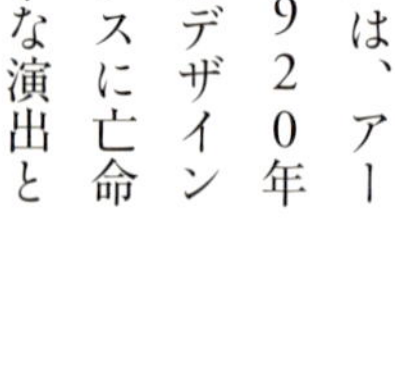

していたことで知られるジャン・ミッシェル・フランクの家具などは、1億円近い値段で取引されることがざら。その値付けには、「いくら革張りがエルメス、ブロンズ部分がジャコメティの手によるものにしたって、座ったり、物をしまったりする家具に付けられる値段じゃあないでしょう」と、呆れてしまうこともあるほどです。

とはいうものの、アール・デコのピュアなラインに魅せられている私としては、この時代の家具の美しさは認めざるを得ません。18世紀から続く美しい家具の伝統を踏まえつつ、ガルーシャと呼ばれる鮫革やマカッサーと呼ばれるアフリカのマホガニー、漆等を用いた斬新なデザインは、芸術作品としても充分に通用します。

多くの大使公邸やフランスのル・アーヴルとニューヨークを結ぶ豪華客船「ノルマンディー号」の内装デザインを手掛けたことでも有名なデザイナー、ジャック・エミール・ルールマンの家具などは、事実、見とれている

右●現在、左岸のアートのメッカでもあるセーヌ通り。中●家具からランプまで、アール・デコインテリアの殿堂「ヴァロア」。　左●そばには有名なカフェ「パレット」もある。

右●ガルーシャ張りで、引き出しの把手が翡翠のジャン・ミッシェル・フランクのコンソールテーブル。左●ソファーの脚の先に彫刻された銀が施された、アール・デコの巨匠、ジャック・エミーユ・ルールマンの３点セット。斑のでるエキゾティックな木材がこの時代ならではのもの。

だけで仕合わせな気分に浸れるといっても過言ではありません。

２年に一度グラン・パレで開催される「ビエンナーレ」は、世界各地から集まるアートディーラーが、ミュージアムピース並みのアート作品を展示即売する夢のようなアート&アンティークのフェアです。入場料がかかりますが、それだけに冷暖房が完備され、コレクターなら赤絨毯が敷き詰められた快適な空間で本気（！）のショッピングも楽しめます。また、館内にはミシュランの星付きレストランが出店していて、夜ともなればガラス越しの星空のもとで、蝋燭とシャンパンに彩られた豪華なディナーが楽しめる、美とアートの祭典なのです。

このビエンナーレで、いつもアール・デコの名作家具で飾られた、素晴らしくゴージャスなブースを構えているのが、サン・ジェルマン・デ・プレのセーヌ通りにある「ヴァロア」です。

右●1920年、アイリン・グレーがスガワラという象嵌師に習って自ら作った漆の絵画。　中●ジャコメティが彫刻に携わったランプ。左●ジョルジュ・バスターというフランス人作家の1920年の象牙製のランプ、60,000ユーロ。

オーナーであるヴァロア夫妻は、70年代、アール・デコ様式がまだアンティークとしては認められていない時代に、この様式の家具に「美」を見出し、フランスでは珍しいコレクターの一人として名を上げました。彼らの噂は海を越え、エンパイア・ステート・ビルディングやウォルドルフ・アストリアといった、この時代の栄華を象徴する建物が多いニューヨークで火がつき、わざわざギャラリーを訪れるコレクターが現れ始めました。その後、バーブラ・ストライサンドなどの有名人コレクターが現れて値段はうなぎ上りし、ついに、昨今の大ブームが巻き起きたのです。

名作家具は無理でも、アール・デコスタイルには、大きく背伸びすれば手に入れられる有名作家の一点物の陶磁器やボックスが存在しますし、また無名作家のものであれば、象牙の象嵌がなされたような高品質の家具が手の届く範囲で購入できます。

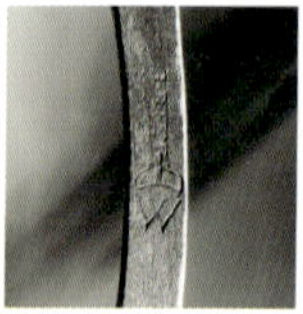

Kraemer
クレメール

43 rue de Monceau
75008 Paris
01-45-63-24-46

ミュージアム級のアンティーク家具店

映画「マリー・アントワネット」にも登場したように、18世紀のフランスでは、ペットに小犬を飼うのが流行しました。こうした愛犬のために、貴婦人たちは王室御用達の家具職人に高価なリヨンの絹で張った贅沢な犬小屋を作らせました。また、マダム・ド・ポンパドールやド・バリー夫人といったサロンの女主人が威勢を振るったこの時代は、「ボンヌール・デュ・ジュール」(日々の幸せ)と名付けられた女性用文机や、「お洒落」を意味する「シフォニエール」と呼ばれる婦人用西洋ダンスなど、女性のための優雅で小ぶりな家具が続々登場した時代です。

こうした18世紀の美しい家具は、当時、王室御用達の家具職人たちによって作られ、国からメートル(親方)の称号をもらった家具職人の名前のイニシャルとヴェルサイユのVVと王冠の記がつけられているため、現在でも一目で分かる仕組みになっています。

ファインアートにも匹敵する高価な美術品とみなされる18世紀家具も、もともとは活用するために作られたもの。そんな家具を日常使いする贅沢が許されるセレブリティーのために存在しているのが、現在6代目が手腕を握る18世紀家具の専門店「クレメール」です。その昔、ロスチャイルド家の住居だったという600平方メートルのショールームには、ルーヴル美術館やメトロポルタン美術館にあるような家具の逸品ばかりが並びます。ヴェルサイユ宮殿にコレクションを寄贈したことも1度や2度ではないのだとか。まさに「クレメール」は、黄金時代を築き上げた18世紀のフランス文化の伝導師です。

Column 1

II

日常の中にもアンティークを

輸出用に作られた19世紀後期の日本の陶磁器。ティーカップ10個、コーヒーカップ5個、受皿21枚、砂糖入れ、ミルクポットで占めて300ユーロ！

陶磁器＆ガラス

Porcelaine & Verre

屋外の蚤の市でお気に入りを見つけよう

5年間にわたるフランス暮らしの最後のアパルトマンは、ゴーギャンも住んでいたことがある14区のヴェルサンジェトリックス通りにありました。ここからマルシェ・ヴァンヴまでは歩いて15分。ビブロと呼ばれる飾り棚に収まる小物や、週末のブランチに役立ちそうなテーブルウェアが豊富に揃うマルシェ・ヴァンヴに近いのが嬉しくて、引っ越して1年目は暑くても寒くても、パリにいる限り土曜日の朝はヴァンヴから始めるのが習慣でした。

アンティーク入門者が最初に手に入れたいのは、1個から気軽に購入できて日々使うことができる陶磁器カップであることが多いそうです。かくいう私も、いっとう最初のアンティークは、取材先のシアトルで手に入れたイギリス、シェリー社のデミタスカップでした。そんな要望を受けてか、マルシェ・ヴァンヴにはエスプレッソ、コーヒー、カフェ・オレ、ティー、ショコラ……と様々な用途のカップが並んでいます。

ご存知のように陶磁器には、土器にエナメル質の錫の釉薬をかけて作るぽってりした風合いの陶器と、カオリンと呼ばれる薄手の磁器があります。フランスでは、ドイツのマイセン窯で磁器が発見される以

Marché Vanves

マルシェ・ヴァンヴ

Ave Marc Sangnier & Ave.G.Lafenestre
75014 Paris

Porte de Vanves

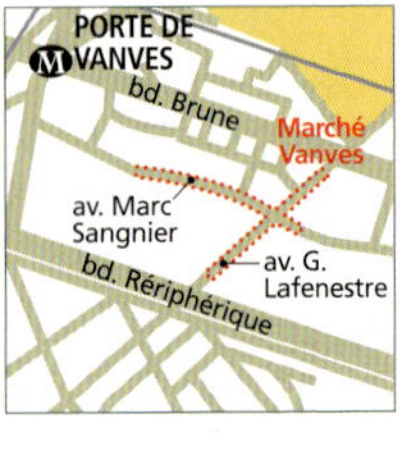

右●19世紀のグラスの底には、吹いたときにできた気泡の跡が。中●シャンパン用のフルートは、19世紀はじめに登場した。手前は1925年のバカラ製。各10ユーロ前後。左●P64～65のカップの底を光に透かすと日本髪の女性が現れる。

前に、白い生地が絵付けに映えると一世を風靡した南仏のムスティエ窯や、ピカソやセザンヌがアーティスティックな陶器を作ったヴァロリス窯、また、くべる薪が沢山手に入るアルザスに窯元が集中していました。それ以外にもルーアンやカンペールなど、磁器に比べるとずっと多くの窯元が存在していて現在でも活動を続けています。

素朴な陶器の魅力は捨てがたいものの、やはり毎日用いるのなら、多少扱いが荒くても丈夫な磁器に軍配が上がります。最高級のセーヴル窯に次いで、後のシャルル10世、アルトワ公の斡旋で中央フランスのリムーザンの白い粘土質の土を用いて19世紀初頭から本格的な生産が始まったリモージュ窯は、フランスで最もクオリティーの高い庶民の磁器として有名です。リモージュ窯は窯数もデザインの種類も大変バラエティーに富んでいますが、現在でも生産を続けるベルナルドや星の刻印が目印のル・グラン、また、TLB社のアール・デコスタイルのものがデザイン、品質とも優れたものを生産しています。

自分自身のコレクションのなかでは、ギリシア陶器を模してハンドルが大きく上に張り出したハイリング・ハンドルのカップが持ちやすくて好きです。なかでも、マリー・アントワネットがパトロナー

右2つ●オウリヨン夫妻のスタンドでは、ミッドセンチュリーのポップなノベルティーグッズを扱う。カップ各5ユーロ。　左2つ●アール・ヌーヴォースタイルのグラスセット300ユーロや19世紀のレアなバカラなどを扱う、お洒落なおばあちゃん。

ジュしたパリ窯のものはワンランク上のデザインセンスを誇ります。また、19世紀後半、万博の影響を受けたオリエンタルな柄のカップにも惹かれます。それらはよく見かけるイギリス、ミントン社のものではなく、フランス通を気取ってあえてアルザスのサルグミン社のものにこだわり集めています。また、古いものは数少ないカフェ・オレカップなら、アール・デコ時代のポショワールと呼ばれる型押し模様のものにシンプルで愛らしいものが残っています。私はカフェ・オレというより、ナッツ類やディップを入れて、アペリティフのお供に役立てます。

　カップ同様、その儚さがコレクター魂を刺激するのが、初心者からエキスパートにまで愛されるグラス類です。

右2つ●マルク・サニエ通りとラフネストル通りの交差したところにスタンドをもつガンボッティさんのスタンドは素敵なガラス製品の宝庫。30年代の脚付きフルーツ皿、各38ユーロ。　左2つ●カフェオレ・カップといえば、ル・ガレックさん。珍しいブルターニュの耳付きカンペール焼き25ユーロ。

個人的には、お酒好きの友人と自分自身のためにショットグラスを集めています。フランスの昔ながらのアパルトマンのシンクは陶器製で、パーティーの後にグラスを洗っていると、ころりと倒れただけで割れてしまうことがよくありました。カモンド美術館のように、グラス専用に錫のシンクを設けられればよかったのですが、そうもいかないのが現実。そのせいでしょうか、同じクリスタルでも、いつの間にか憧れのラリックを諦めてバカラやヴァル・サン・ランベールの力強さに惹かれるようになったのは……。

そんなわけで、クリスタルは、硬質な美しさが宿るナポレオン3世時代の金彩グラス、また、バカラやベルギーのヴァル・サン・ランベールが好みです。ノルマンディーやブルターニュ地方でひとつひとつ丹念に作られた19世紀の吹きガラスのグラスも、違いのわかる大人の仲間同士の肩のこらない食卓にはぴったりです。マルシェ・ヴァンヴには、ビストロで用いられていたという上げ底のグラスなども売っていて、「いつの時代もずる賢い人が考えることは同じ」と思わず苦笑してしまいます。

こうしたグラス類だけでなく、光を通すとその美し

木漏れ日が気持ちよいヴァンヴの市。

右から●19世紀はじめのインク壷120ユーロ。少しだけチップのあるラリックのプードルケース150ユーロ。シルバー縁の器はたぶんシュガーケース65ユーロ。最近珍しいアール・デコスタイルの硝子のトワレットセット。

さがより引き立つ透明なガラス製品には、時代を反映したものが豊富にあります。手紙を書くことが淑女の間で流行した19世紀はじめのインク壺、ベル・エポックの時代に流行したLUのビスケットを入れるジャーや、女性のコスメティックが充実した1930年代のラリックの白粉入れ、フィフティーズのノベルティーのビールジョッキ等々。光に溢れた屋外のヴァンヴの市だからこそ、ガラス製品の魅力が増すのを業者は心得て、陳列にも力を入れているようです。

ここ最近は観光バスで乗り付ける日本人観光客がいてなかなか値引きしてくれない業者が増えましたが、それでもおこづかいで手に入れられる価格帯のものが多いマルシェ・ヴァンヴ。土日両日とも13時には半分以上の業者が引き揚げてしまうので午前中が勝負です。現金を握りしめ、冬なら9時、夏なら8時をめざして出かけ、時間をかけて掘り出し物を見つけるような気持ちで挑みたいマーケットです。

上右から●シルバー彩のカップ、各40ユーロ。19世紀のカップ、2個で25ユーロ。19世紀初頭のアンピール様式のカップ。ポーショワ印刷のカフェオレ・カップ36〜40ユーロ。　下●19世紀のバカラの香水瓶3個で250ユーロ。

キッチン用品

Matériaux de la cuisine

昔ながらの“パリ”の日常を
お菓子とともに

ブロカントでは、赤やブルーといった色鮮やかなキャニスターがたくさん揃っている。180 ユーロ〜。

映画「アメリ」が大ヒットした理由は、憧れのモンマルトルの丘を舞台に、エスプリ溢れる小粋で洒落た会話を交わしつつ、大人同士が適度な距離感を保ちながらコミュニケーションをとるパリの日常が描かれていたせいだと思います。また、映画のなかにはレトロなカフェやキッチュな小物で溢れ返った彼女のアパルトマンといった、私たちがイメージする〝パリ〟が次々登場したのも印象的でした。

そもそも「ブロカント」という言葉は、古道具そのものにも、古道具を販売するショップのことをいう場合もありますが、その代表格は、「アメリ」にも登場したような日用雑貨を指します。ヴァカンスで訪れた、田舎のおばあちゃんの家にあったような、日常の取るに足らない道具たち。それらの品は、実際はフランスにもどんどん少なくなっている憧れの〝パリ〟の姿そのままです。そんな憧れの〝パリ〟を求めて、映画公開以来、ブロカントを探しにパリを訪れる若い日本女性がとても増えたような気がします。

日本でパティシエとして働いていた「マミー・ガトー」の

Mamie Gâteaux
マミー・ガトー

66 rue du Cherche Midi 75006 Paris
01-42-22-32-15 Sèvres-Babylone
OP 11時半〜18時 CL 日曜、月曜
URL www.mamie-gateaux.com

本来使うのが目的の日常品だが、こうして並べると十分愛らしいインテリアになる。一目で「カワイイ」ものが集まっているのがわかるように、飾りすぎないのも大事な工夫。

POIVRE
EPICES
THE
FARINE
CAFE
SUCRE
FARINE
SUCRE
CAFE

店内にはまさに「アメリ」の世界が凝縮されている。10ユーロくらいで、ありそうで案外見つけられないブロカントが見つかる。

オーナー、マリコさんもそんな日本女性のひとりだったといいます。パリに憧れ、ヴァカンスの度に訪れてはブロカントを買い集め、日本に持ち帰っては自宅を飾り付ける。そんな彼女の転機は、フランス人男性と結婚し、フランスに住み始めることで訪れました。ご主人とともに、ペルシュ地方の田舎に移り住んだマリコさんは、そこで本格的にブロカント探しに興じるようになります。

その後パリに移り住んだ二人は、マリコさんのパティシエの腕を生かして、フランス人が子供の頃から親しんできた家庭料理とお菓子をサービスするティー・サロンをオープンすることに決めました。定番的にあるのは、トマトのケーキ、生ハムとタップナードのサラダ、ガトー・ショコラにサクランボのクラフティー等々。こうしたメニューは、フランスのお母さんが休日に家族のために作る、まさにフランスのおふくろの味です。また、インテリアは、ブロカントで飾り付けた、「アメリ」の1場面にも登場しそうな一昔前のフランスがイメージです。

店内に入ると、まず目に飛び込むのが天井に近い棚に置かれた100個近いカフェ・オレカップのコレクション。また、中央の飾り棚には、きれいな色合いのキャニスターやおままごとのセットやホーロー鍋が飾られていて、見ているだけで和んでほっこりした気分に浸れます。刺繍の美しいシーツはカーテンに作りかえるとか、グランドマザーの時計の機械部分を外し、パステルカラーにペイントして棚をつけ、ナフ

右●布巾の赤のラインを生かして、ポストカードを額装するアイデアは参考になる。　中●割れてひとつだけ残った陶製のキャニスターの引き出しをプラントの鉢カバーに用いる。　左●60年代の学校が再現されているおままごとセット。

キンや本の収納棚にするとか、赤いラインの布巾と古いポストカードをレイアウトして額装するなど、本来の使い方とは違うブロカントの新しい利用法も提案されています。

こんなふうに誕生した、どこにでもあるようで、実のところ他には類を見ないティー・サロンは、お洒落でセンスのよいサンジェルマンらしい界隈の雰囲気にもぴったりで、すぐに常連もついて軌道に乗ったそうです。とはいえ、毎日通う常連でさえ、オーナーが日本人女性だと知るお客は数少ないそうです。それほどまでに「マミー・ガトー」は、フランス的な空間でフランスの家庭料理をフランス人によってサービスする店として人々に愛されて

右●店内でインテリアとして飾られているホーローグッズ。 左上●壊れたグランドマザーを戸棚に用いる。中に入れたミシュランの表紙の赤が効いている。 左下●フルーツのカラーもここではインテリアのチャームポイント。

いるのです。

現在はティー・サロンだけでなく、隣接する２つのショップで、キッチン用品と１９６０年代の学校で用いられてきた紙製品やおもちゃなどのブロカント、マリコさんがデザインしたリネンの部屋着やノスタルジックなイメージの雑貨などを販売しています。

ファストフードの影響や、便利で単一なチェーン化の波が押し寄せるパリ。しかしながら、「マミー・ガトー」には、私たちのイメージする、昔ながらのフランスが今なお存在し続けているのです。

右●入り口の扉のカーテンは、刺繍入りのシーツを用いている。
左上●店内は 32 席。毎日訪れる常連さんも。　左下●常時、フランス人がグーテ（3 時のおやつ）に好む 7、8 種類のお菓子が用意されている。

バス用品

Matériel de salle de bain

リサイクルで蘇る、こだわりのホテル仕様品

右●ナポレオン3世時代のカットグラスの金彩のトレー80ユーロ、アール・デコの香水瓶2個で75ユーロ。
左●よく見ると、様々なスタイルが存在していることに驚かされるアンティークのバス用品。

ヴェルサイユ宮殿にトイレはなく、王侯貴族がセーヴル焼きのお丸で用を足していたことは周知の事実。ナポレオン3世とオスマン男爵のパリ大改造によって下水道が完備される以前、パリの町は中世の時代とほとんど変わらず、すさまじく臭く、汚れていたそうです。１８３２年、48年、49年、65年にはコレラが蔓延し、何千人ものパリジャンが命を落としたほど。そんなパリの様子は、冒頭のシーンがパリの胃袋、レ・アール市場から始まり、まさに画面から様々な異臭が漂ってきそうなパトリック・ジュースキント原作の映画「パフューム〜ある人殺しの物語」をご覧になるとよく理解できます。

そんな〝非〟衛生的なフランスでは、１９８０年になっても自宅にシャワーのある家は、全体のわずか半分に満たなかったそうです。事実、私が15年前に購入したアパルトマンも、前の持ち主が「サル・ド・ロー」と呼ばれる水場にシャワーという文明の利器を取り付けるまで、ドガの絵のように沸かしたお湯を大きな洗面器に移し、そこで行水をするという昔のスタイルを通していたようですし、アンティーク・マーケットでは、そんな習慣を彷彿させる陶製の美しい水差しと洗面器のセットをしばしば見かけます。また、フランス人の友人のな

M.A.Dauliac

M.A.ドウリアック

67 rue du Cherche Midi 75006 Paris

01-42-22-14-16

Sèvres Babylone

OP 11時〜19時半（月曜は14時〜） CL 日曜、祝日

subra.eric@neuf.fr

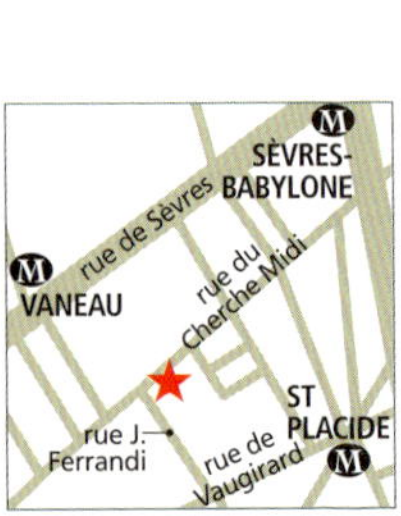

右●月に腰掛ける天使のモチーフがチャーミングなドゥヴォーのランプ 300 ユーロ。
左●背中を丸めた猫のモチーフが独創的なランプ 500 ユーロ。

かには湯船に浸かると、皮膚に必要な脂分が抜けて身体に悪いと本気で信じている人もいて、毎日お風呂に入らなくては気の済まない日本人の私を驚かせたものでした。

私がブルターニュのシャトー暮らしで一番最初に学んだことは、絨毯の敷かれた部屋にドドーンと鎮座します猫脚のバスタブで上手にシャワーを浴びることでした。長年の訓練の成果で、今でこそカーテンなしでも周りを水浸しにしないでシャンプーできるようになりましたが、チョロチョロと丁度よい具合に水を出しながら泡を流すという技術習得に最初は随分苦労したものです。

現在私たちが知るモダンなバス用品がフランスに誕生したのは、20世紀を目前に万博に沸くパリに、世界中のエグゼクティブが宿泊するリッツ・パリのような高級インターナショナルホテルが誕生するようになってから。当時、全室にバス、トイレが完備されたリッツ・パリで用いられたのは、高品質なブロンズ、白色錫、ガラス、リモージュの陶器で作られた、メゾン・クラ社の衛生器

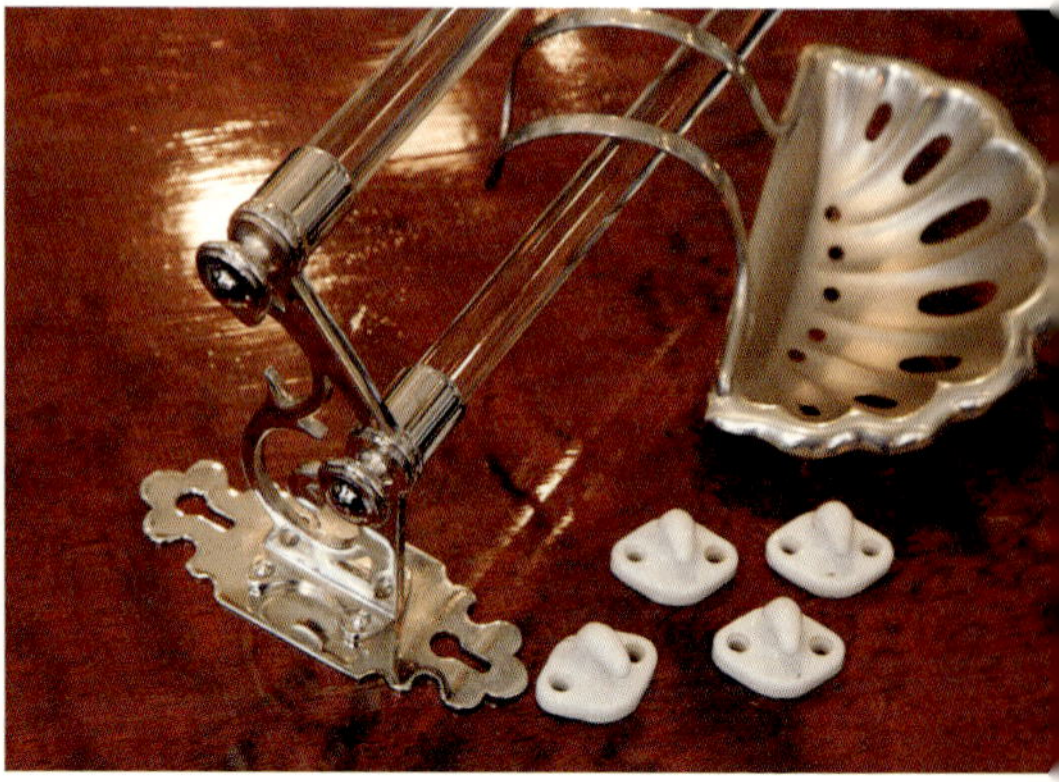

右●戦前のタオル掛けは高級感溢れるガラス製 450 ユーロ。ゴンと呼ばれる手袋型のタオルをかけるために作られた小さなリモージュ陶磁器のパーツ各 20 ユーロ。　左上●30 年代のものはジオメトリックなデザインが特徴。　左下●カップで蓋すると歯ブラシが見えなくなるホルダー 60 ユーロ。

具でした。このブランドのものは、丈夫でデザインもよく、現在でも「この会社のものでバスルームをまとめたい」とこだわるパリジャンに探し求められているそうです。

また、有給休暇が生まれ、人々がヴァカンスをとるのが一般的になった1930年代には、バスク地方のビアリッツやノルマンディーのドゥーヴィル、カブールに沢山のホテルがオープンしました。この時代のバス用品は、当時流行したアール・デコスタイルのインテリアに合わせたシャープでジオメトリックなデザインが特徴です。

こうしたリゾート地が下火になったり、第二次世界大戦で戦火に見舞われ改装を迫られた50年代までは、アール・デコ期までのバス用品が次々放出され、パリにも専門のショップがいくつもありました。しかしながら古いホテルが消えてしまった今、パリでアンティークのバス用品を扱うのはエリック・スブラ氏の「ドウリアック」のみ。

ビジネス以前に、アール・デコスタイルのアンティークが大好きというスブラ氏は、友人の建築家たちから情報を得て、クローズや改装するホテルの情報を得ては使われなくなったバス用品を引き取り、ショップのバックヤードにあるアトリエで壊れたパーツを修復したり、ランプの電線を取り付けたりしながらアンティークを元在る姿に再現するのだそうです。

そうして蘇ったバス用品は、再びこだわりのある人々のバスルームで現役で使われ役立っています。受け継ぎ、愛でて、再び次の世代に受け渡す、本来あるべきリサイクルの形。アンティークとは、まさにエコロジー精神の賜物なのです。

右●ブルーのファサードが目印。左●30年代のキャニスターとエリック・スブラ氏。

レースのハンカチ

Mouchoir brodé bordé de dentelle

魅惑の危険領域は、
美しき幸運のお守り

右は最高級のボビンレース、ヴァレンシエンヌと魂を意味する蝶のモチーフが施されたもの。250ユーロ。左はニードル・ポイントという技法で作られたノルマンディー地方のムショワール・ド・マリアージュ 580ユーロ。

「ここには決して脚を踏み入れてはならぬ」。見るたびに危険領域と自分自身に信号を出していたアンティークのひとつにレースがあります。なぜならば、その繊細な美しさに魅了されない女性はいないとわかっているから。一旦はまってしまったら、その魅力は蜘蛛の糸のようで抜けるに抜け出せない。ここ最近、そんな魅惑のレースに、とうとう手を出してしまいました。

きっかけは、パリの服飾美術館、ガリエラで開催された「クレノリン」展です。18世紀、マリー・アントワネットの宮廷でその流行が頂点に達した大きく張り出したスカート「クレノリン」は、フランス王室の愚の骨頂として歩くのもままならないほど高く上に伸びた髪と同時に革命で消え失せたものの、19世紀中頃、再びナポレオン3世の妻ユージニー皇妃が愛したことによって宮廷で復活しました。

この展覧会では、「クレノリン」の変遷を物語る衣装とともに、美術館の倉庫に眠っていた美しいレースの数々が小道具として紹介されていました。久々に日の目を見たエレガントなレースのなかで、私の心をわし掴みにしたのは、ため息の出るほど美しい「レースのハンカチ」。「手芸はしないし、レースの襟を着ける柄でもない。レースは私

スペイン出身のユージニー皇妃は、シダをモチーフにしたシャンティーのブラックチュールをスカートの上に2重3重かぶせたファッションを好んだという。

Chantal
シャンタル

Marché Paul-Bert Stand71 Allée1
18 rue Paul Bert 93400 Saint-Ouen
☎ 06-81-31-99-53
Ⓜ Porte de Clignancourt
OP 10時〜17時半 CL 火曜〜金曜

の生活には縁遠し」と、無理矢理敬遠してきたレースですが、「ハンカチ」は、子供時代に集め続けていたコレクション・アイテム。弱いところを突かれてしまった……。以来、骨董市で目を皿のようにして「レースのハンカチ」を探す私がいるのです。

クリニャンクールのマルシェ・ポール・ベールにショップを持つ衣装研究家のシャンタルさんの話では、レース編みは、16世紀の中頃、ヴェニスとアントワープで生まれ、鉤編みの立体的なニードルレースはヴェニスで、ボビンレースはフランドル地方で発達します。

その後、ヴェニスのレースはジュエリー同様、非常に高価で権力と財力の象徴としてヨーロッパの宮廷で大流行します。フランスでは贅沢品に対する規制をかけてヴェニスのレースの輸入を取り締まりますが、すでに王侯貴族のお洒落には欠かせないアイテムとなったレース。自らも美しいものに目がないルイ14世は、是が非でもレースを密輸して身に着けたいと願う国民の欲求を抑

右から、友情を意味する蔦のモチーフのハンカチ。ポアン・ド・ローズと呼ばれるニードルレースの技法によって、愛の花、薔薇をモチーフにしたハンカチ 150 ユーロ。18 世紀、ビンチの機械編みのレースの襟。ハンカチは 50 ユーロからある。

えることが不可能と知り、時の文化大臣コルベールに、ヴェニスから職人を呼び寄せ、産業がない地方の村に王立レース工場を造り、職人を育成することを命じます。

そうして生まれたのがノルマンディーのアランソンや東部のセダンで作られたニードルレース「ポアン・ド・フランス」です。繊細な「ポアン・ド・フランス」はたちまちヨーロッパ中に広まり、フランスの大事な収入源のひとつになったといいます。

18世紀になると、教会に行くときは商人や農民もレースを身に着けるようになります。それと同時に各部分のモチーフをあらかじめ作り、後から編み合わせることのできる手軽なボビンレースが発達します。現在残っているボビンレースは、その当時の北部のヴァランシエンヌやベルギーのものが中心です。高価なニードルレースを購入できる階層は、夏はボビンレース、冬はニードルレースと使い分けて一般階級と隔たりのあるお洒落を楽しんだといいます。

右●1500～ 2000cm幅のチュールは、結婚式のベールとして購入されることが多い。長いものだと12メートルくらい。120 ～ 300ユーロ。左●神戸ファッション美術館のオープニングにも一役買ったシャンタルさん。

19世紀になると、クレノリンの上にかぶせる下着やベールとして用いる機械編みのチュールが、シルクの名産地リヨンやシャンティーで生み出されます。シャンティーのブラックチュールとアランソンのニードルレースは、ファッションリーダーだったナポレオン3世の皇后、ユージニーが身に着けたことによってヨーロッパ中でもてはやされました。

そうした「レース」の歴史は、文献などである程度調べられるのですが、案外探し出せないのが「レースのハンカチ」の歴史です。というのも、フランスでは日本ほどハンカチが普及していないからです。フランスでハンカチといえば、鼻をかむためのシンプルなもの〈ハンカチの意であるmouchoirは、moucher〈鼻をかむ〉が語源〉と、ロココ時代のコケティッシュなアクセサリーとして手に持ち、ポンパドール夫人のようにわざと落として王様の気を引いたり、ときおり涙を拭くために役立てる繊細なものとに分かれているせいでしょう。

以前、日本の習慣でハンカチをプレゼントすると代わりに小銭を渡されたことがありました。これは、元来フランスではハンカチは哀しみのシンボルで、小銭を返すことで涙を拭くために手渡されたのでなく自ら購入したという意味になる、ということを物語っています。

そんな「レースのハンカチ」のなかでも、別格で美しく、贅を凝らしたものが、花嫁が結婚式に持つ「ムッショワール・ド・マリアージュ」です。愛を意味する花や花かごの刺繍がされたシーツ「ドラ・ド・マリアージュ」は、新婚初夜のベッドに欠かせないものですが、同様に、花嫁が愛する人と結ばれるうれし涙と両親との別れを惜しむむせび涙を拭うための「ムッショワール・ド・マリアージュ」は式に欠かせない小道具です。「結婚式で古いものを身に着けると仕合わせになれる」という言い伝えに従って、18世紀のおばあさまの結婚式のベールなど代々家に伝わる思い出のレースを再生して作られたのが発祥で、19世紀末のものに特に美しいものが揃っています。

女性が人生で最も幸福に光り輝いた日に手にした「ムッショワール・ド・マリアージュ」は、迷信をも覆す「幸運のハンカチ」。素敵な旦那さまを見つけたいと願う未婚女性の幸運のお守りにもなりそうな気がします。

小箱

Coffret

女性も男性も特別に愛用した
小さな家具

真珠の母貝をマーケットリーした
ローズウッドの宝石箱 390 ユーロ。

フランス語で「コフル」と呼ばれるつづらは、紀元前を発祥とし、キャビネットや引き出しタンスなど、箱状の家具の原型でもありました。常に敵が攻めて来るやもしれぬ緊迫した状況下にあったヨーロッパの王室では、家財道具を一切合切入れてすぐ逃げ出せる「コフル」は、椅子や机としても利用できる大変便利な家具でした。このように箱は、昔から小さな家具の代わりを果たし、男女を問わず大きさも用途も違う箱を沢山所有し、様々なオケーションに合わせて使い分けていました。また、そうした箱には大抵美しい細工の鍵がついていて、中身の価値と持ち主のパーソナルな関係を物語っています。

「コフル」よりも小さなものを「コフレ」と呼びますが、歴代の王女や皇后たちも、それぞれにお気に入りのコフレを手に入れて愛用していたようです。マリー・アントワネットはフランス王室にお嫁入りしたばかりの頃に作らせた、レース模様の箔押しのあるモロッコ革製の旅行用コフレをあえて日常使いし、リボンやスカーフ、手袋などのアクセサリーをしまっていたようです。また、ジョセフィーヌはイニシャルを刺繍したビロードのコフレに、当時室内履きとして愛用されていたバレリーナ・シューズと羽根のようなレースのスカーフ、ま

Marie Kadrinoff Antiquités

マリー・カドリノフ・アンティキテ

Marché Vernaison Stand175 Angle Allées 3&8
136 Ave Michelet 93400 Saint-Ouen

01-40-12-28-96 Ⓜ Porte de Clignancourt

OP 9時～18時 CL 火曜～金曜

artekade@aol.com

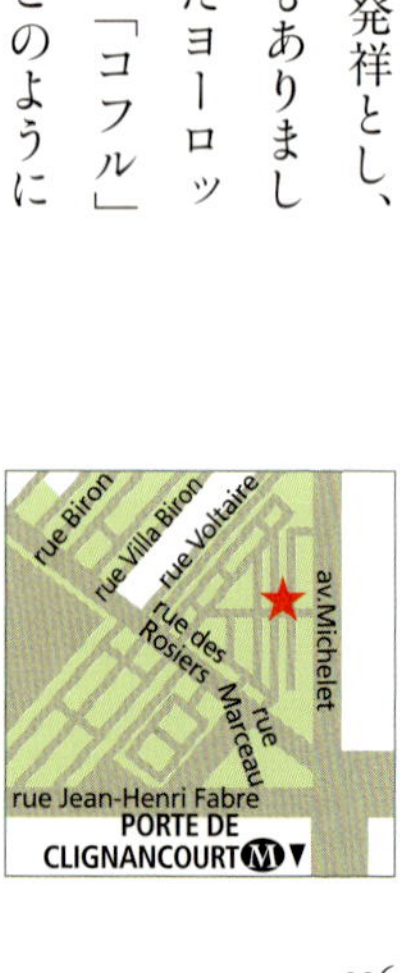

右●自らも金箔細工師であるマダム・カドリノフ。
左●小箱以外にも、彼女自身が修復を手掛けた多様な額が手に入る。

た、髪飾り用の花輪を入れて翌日の夜会の準備を整えたそうです。

そんな箱のなかでも、19世紀に多く作られた「コフレ・ド・メルスリー」（ニードル・ボックス）には美しいものが残っています。当時、洋裁はすべての女性の嗜みで、大切な糸や針、ハサミなどは、フェミニンな装飾の「コフレ・ド・メルスリー」に収められていました。

実は、私もそんな「コフレ・ド・メルスリー」に魅せられて、アイルランドのダブリンから大事に抱えて持ち帰ってきたことがあります。その箱には、愛する女性に宛てたメッセージが、マザー・オブ・パールのプレートに美しいカリグラフィーで書かれ、蓋の部分に象嵌されているのに一目惚れしたのと同様に、箱の底部分と蓋の裏側に高価なジュエリーや内緒の手紙を入れておくシークレットスペースがあることに興味を引かれました。男性がそのシークレットスペースに、流行の粒金細工のジュエリーを入れて贈ったのか、は

右上●美しく裏打ちされた長手袋用の箱。　右下●上の箱の外観。斑のでるクルミ材の光沢が美しい230ユーロ。　左●サム・アンティキテ（▶194ページ）の黒檀のカーブ・ア・リカー1,150ユーロ。中身はバカラ製。

たまた彼女が意中の男性からの手紙を隠し入れていたのかは永遠の謎ですが、眺めていると想像力が膨らむこの箱を大事な宝石箱として利用しています。

また女性の夜会には必需品だった幅50センチのノスタルジックな花柄のカルトナージュの「コフレ・ド・ゴン」（手袋用の箱）に薬などを収納しています。アンティーク屋さんが走り書きしたのでしょうか、蓋の内側に在庫と売り上げが書き付けてあるのも、箱が辿った足跡を垣間見るひとつの要素になっていて、なんだか微笑ましく感じます。

クリニャンクールのヴェルネゾンにあるマダム・カドリノフのブティックでは、小さなものならトランプを入れておく「ボワット・ア・カルト」、大きなものならインクや羽根ペンを収納できる「コフレ・ド・エクリトワール」までナポレオン3世時代の小箱が数多く手に入ります。この時代には、

17世紀にルイ14世の指物師が流行させたブール細工と呼ばれる鼈甲や漆のマーケットリーなど、過去の様々な装飾様式がリバイバルしました。こうした箱は、家具職人とは一線を引く、タブレチエと呼ばれる木工細工師によって作られました。

また、この時代に生まれた最も美しい箱といえば、バカラやサン・ルイのクリスタルのデキャンタやリキュールグラスが納められる「カーヴ・ア・リカー」です。男性同士が食後に集まって、シガーとともにお酒を酌み交わすために作られたのが発祥ですが、蓋と観音開きの扉を開けると光に煌めくクリスタルが現れ、「私もこんな箱でお酒を振る舞ってみたい」と、つい男性にジェラシーを感じてしまいそうな、所有者に見せ場を作るドラマティックな演出の箱なのです。

上●赤く染めたべっ甲やブロンズをマーケットリーしたブール様式の「コフレ・ド・エクリトワール」。左は箱を開けたところ。左●王室御用達のジロー工房のブランドネームが刻まれたプレート。

ポスター

Affiche

手軽に飾って部屋を
お洒落なパリの街角に変身

ユニークな 1960 年代のエルヴェ・モルヴァンのタバコ会社用ポスターは、40X60cm と手頃なサイズ。

ある日、電車を待つパリの地下鉄のホームでのこと。ベリベリと古いポスターをはがした後に、大きなローラーを使って糊をつけ、新しいポスターをぺたり、ぺたりと次々貼る作業員のおじさんを見かけたことがあります。その手慣れた手つきに感心し、その日を境にポスターを意識して見るようになりました。そうして改めて眺めると、パリの街頭にはお洒落なポスターが溢れています。そこには開催中の展覧会やお芝居はもちろんのこと、新製品からオープンしたての公共施設など、手軽に入手できる最新情報が満載なのです。それからというもの、パリ滞在中は景色そっちのけで、キョロキョロとポスター・ウオッチングするのが習慣になってしまいました。

フランスのポスターの発祥は18世紀、ルイ15世の時代に遡るそうですが、その時代のポスターは書物のような大きさしかなく、デザインも単純で活字中心のものだったようです。現在のように人目を引くデザインは、「オランピア」や「草上の昼食」で有名な画家、マネの手によって１８６８年に誕生したのが最初でした。それをきっかけに、風刺、ユーモア、皮肉といった、従来の絵画では表現しにくい題材を画家たちはポスターを用いて表現するようになります。

Jane Moufflet
ジェーン・ムフレ

Marché Biron Stand 1
85 rue des Rosiers 93400 Saint-Ouen
06-83-84-94-05 Ⓜ Porte de Clignancourt
OP 11時〜18時 CL 火曜〜金曜
info@posterspariṡ.com
URL www.posterspariṡ.com

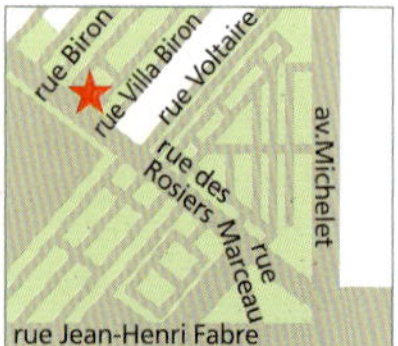

右●クリニャンクールのなかでも最も高級なマルシェ・ビロンにある。　左●グルオーのポスター650ユーロを手にしたオーナーと息子さん。息子さんは、マルシェ・クリニャンクール協会の会長である。

そのなかには世紀末に流行したモンマルトルのキャバレー「ムーラン・ルージュ」のポスターを描いたトゥールーズ＝ロートレックがいます。あるときは頭部が切り取られているような残酷な表現方法で、描かれたモデルが落ち込むようなものもあったそうですが、彼のポスターは、まさにこの時代を代表するものだったわけです。

また、その時代、アメリカ遠征まで果たした女優、サラ・ベルナールのポスターを手掛けたことで一躍有名になったのが、チェコの画家、ミュシャです。当時としては珍しい等身大のポスターは街頭に貼られた矢先に盗まれることも多かったそうです。女性の髪の毛や身体の丸みのあるラインをデザイン化したアール・ヌーヴォースタイルらしいポスターは、現在でもコレクターの間で大人気を博しています。この時代に作られたポスターは、醜悪にせよ美しいものにせよ、一目見ただけで忘れられないインパクトの強いものです。まさに、「注目」と「伝達」というポスター本来のベースを築き上げたといっても過言ではありません。

1930年代になると、ポスターが大きく飛躍します。この時代は、有給休暇が生まれ人々がヴァカンスをとるのが一般的になりました。それによって、船や飛行機の旅が普及し、旅行エージェンシーがポスターを発注するようになりました。そうして生まれたのが、豪華客船ノルマンディー号のポスターを描いたカッサンドル、また、国

コレクターが泣いて喜ぶポスター3点。アンディ・ウォーホールの「シャネル No.5」。カサンドルの豪華客船「ノルマンディー号」。ミュシャが描いた女優、サラ・ベルナールのビスケット会社「LU」の宣伝用ポスター。

営航空エール・フランスのポスターを描いたサヴィニャックといったアーティストで、現在も人気ポスター画家として取引されています。

クリニャンクールのなかでも、最も高級品が集まるマルシェ・ビロンにショップを構えるイギリス人のジャンヌ・ムフレさんは、ロートレックからミュシャ、シャネルの香水瓶を描いたアンディ・ウォーホールなど、コレクター垂涎もののポスターを1972年から販売し続けています。私は、長年クリスチャン・ディオールのポスターを描き続けた画家、グルオーのパリらしい軽やかでお洒落な画風が好きですが、ムフレさんのショップには、ヴァカンスに行けない夏を乗り切るのに一役買いそうな「RELAX」と書かれたポスターがあって、本気で購入を悩んだほどです。

ポスターは、30×40センチの小さなものからありますが、最近は、ポスター専用の筒箱もあって1メートル以上のものも別送品として持ち帰るのが大変楽になりました。絵画ほど個性の強くないポスターは、額装し、季節ごとにかけ替えてもよいでしょう。ムフレさんは、旅の記念になる、フランスの様々な地方の風景を描いたものがいいのでは？　と提案してくれました。

1894年、ロートレックが100部限定で当時のキャバレーのスターである、イベット・ギルベールの為に描いたアルバム。美しいリトグラフの挿絵つき。

傘

Parapluie & Ombrelle

往時の姿を蘇らせたいなら「直し屋」へ

修復だけでなく、ミエさんがセレクトした
独創的で夢に溢れた傘も手に入る。

本来とても美しかったであろうアンティークが傷を負い、見るも無惨な姿で売られているのを見て無性に胸が痛むことがあります。いつもは「そんなアンティークには目を背けるべき」と教えている私ですが、時に一目惚れし、どうしても連れて帰りたい衝動にかられてしまうのは致し方ないこと。抑えられない感情はちょっと恋愛にも似ていて……。そんなアンティークを手に入れたらできる限りの愛情を注いで修復し、とことん慈しむのがマナーです。私の場合、そうした愛情は傘に注がれることが多く、破れ傘を片手にイギリスの「フォックス」本店まで修理依頼に出かけたこともあるほどです。

傘の発祥は、先史時代、日よけのためにヤシの木の葉を用いたのが始まりとされています。紀元前６５００年頃の中国で傘の原型が生まれたものの、18世紀になっても木の棒の先に庇のようなものをつけた単純なもので2キロ近く重さがあったそうです。それゆえ、当時の宮廷では傘は自分で差すものではなく、召使いが差しかけるのが常識でした。傘に革命が起きたのは、１７７０年、ルイ16世（１７７４～92年のフランス王。マリー・アントワネットの夫）の王室でステッキを持って歩くことが大流行してからです。職人たちはその芯棒を利用して傘

Pep's
ペップス

Passage de l'Ancre Royal
223 rue Saint Martin 75003 Paris
01-42-78-11-67 (M) Reamur Sèbastopol
OP 13時半～19時（9～5月の土曜は9時～12時半） CL 日曜
info@peps-paris.com
URL www.peps-paris.com

簡単な直しならその場ですぐでき上がる。手間のかかるものなら1週間くらいは必要。13ユーロ〜。ちなみに私の傘の張り替えは195ユーロ。

を作ることを思いつき、クレノリンに用いられた柔軟性のある鯨の骨に布を張り、開いたり閉じたりできる傘を誕生させました。

　現在、私たちがアンティーク・マーケットなどで見かけるデコラティブな握り手のカラフルな傘は、ほとんどが「パラソル」とか「ロンブレル」と呼ばれる日傘です。反対に、雨傘は20世紀になるまで女性用のものでもそっけない黒が一般的でした。そのため、よほど特徴のあるものでない限り取り違えられることも頻繁にあったようです。また、お洒落な男性の間では、巻き師に依頼してステッキさながら細く巻く雨傘も大流行りしたそうです。イギリスを舞台にしたアンソニー・ホプキンスとエマ・トンプソン出演の映画「ハワーズ・エンド」は、傘を取り違えたことがきっかけで恋愛に発展するロマンティックなエピソードをテーマにした歴史映

昔の傘は持ち手の部分がとても凝っている。

持ち手の長い傘は20世紀はじめのもの。左は30年代。「オウ・グルニエ・ド・ルーシー」（▶188ページ）にて。

画です。この映画を見ると、イギリス人と傘はこんな昔から縁深いものだったのがわかります。

19世紀後半、ナポレオン3世時代からベル・エポックにかけて、日傘はお洒落の必需品でした。この時代のものは、ユージニー皇后（ナポレオン3世の后）が愛したシャンティーのブラックチュールで張ったものや、子供用と勘違いしそうな直径50センチのミニ傘「パレ・タン」、また、象牙細工の名産地ディエップで作られる非常に繊細な持ち手の傘「マルキーズ」など、凝った装飾の贅沢なものばかりです。

フランス人はどんなものでも壊れるまで使い込みますし、壊れてもまだ諦めず、直して使おうとするエコ精神に満ち溢れ

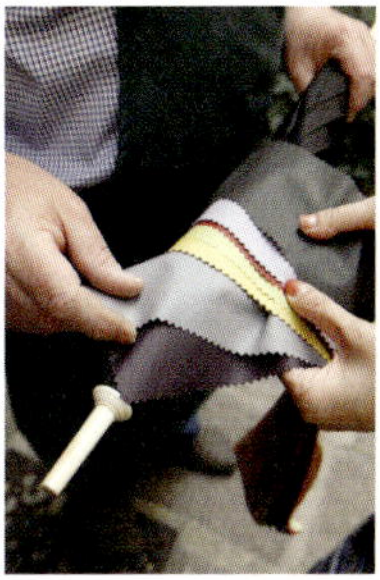

右●象牙の持ち手が魅力的で購入した1910年頃の傘。
中●雨傘として使用できる生地を選び、20種類くらいの色からエレガントな紫に決定。　左●ショップの前で、ミエさんと私。

ています。そのため、現在でも様々な「直し屋」が存在します。そのなかでも、パッサージュ・ダンタンにある傘専門店「ペップス」を見つけたことは、アンティーク傘に目のない私にとって快挙でした。オーナーのミエさんは、もともとイギリス系大会社の株主でしたが、会社が倒産したのを機に国立家具職人養成学校エコール・ブールに入学し、その後、家具から転じて、傘の直し屋になったという数奇な運命の持ち主です。街で目にする大量の使い捨てのビニール傘に反骨心をもって仕事を続けていくうち、フランスでただ一人の「傘の直し屋」になり、年間1万本もの傘を一人で直しています。

一点物の傘のでき上がりを想像しつつ、持ち手に合った新しい張り地を選ぶのは胸躍る瞬間です。モネやシスレーの絵に出てきそうなカラフルな日傘も、アール・デコスタイルの象牙の持ち手の雨傘も、ミエさんの手にかかったらたちまち元通り。ミエさんがいる限り、雨の日が待ち遠しくなる愛着のある傘探しの楽しみは続きます。

手芸用品

Mercerie

針と糸を手に、昔を思い出してみては？

昔のものは、糸巻きひとつ、ボタンシートひとつをとっても手芸が楽しくなるような演出がなされている。

PARIS
PARIS
FRANCE
LE FIL AU CHINOIS
LE FIL AU CHINOIS
PARIS
FRANCE

今でこそ、ボタンつけ以外の手芸をすることは皆無に等しい私ですが、これでも中学生の頃はクロスステッチにはまって自らのイラストを刺繍して額装したり、ボーイフレンドに贈る、オリジナルタグ付きの凝った編み込みのセーターを編んだ時代があります。

針や指ぬき、ハサミにメジャー。今でもそうした乙女チックな手芸用品を見ると当時の記憶が微かに蘇り、真剣に品定めを始めるものの、5分後にはすでに30年もの月日が流れていることに気付いて我に返る……。未だにそんなほろ苦い経験が何度もあります。そんなときほど、こうした〝カワイイ〟手芸用品を魔法のように用いて素晴らしい作品を作り出す、手芸家の先生やフラワーデコレーターの友人の才能を羨ましいと思うのです。

昔の女性たちは、トルソと呼ばれるつづらに、家紋や仕合わせな結婚のシンボル、薔薇やハトのモチーフで飾られたレース編みや刺繍のリネンを沢山詰めてお嫁入りしたといいます。そんなリネンは、特に、19世紀から20世紀はじめにかけてのものに繊細で凝ったものが多いようです。また、トルソの中身は、実際使われるものというよりは新しい人生の門出を祝うお守りのようなもので、生涯手を通さずに終

Missy
ミッシー

Marché Vanves
Ave Marc Sangnier 75014 Paris
06-81-56-51-46
Porte de Vanves
OP 9時～18時　CL 日曜～金曜（土曜日のみ開催）
missy.france@club-internet.fr

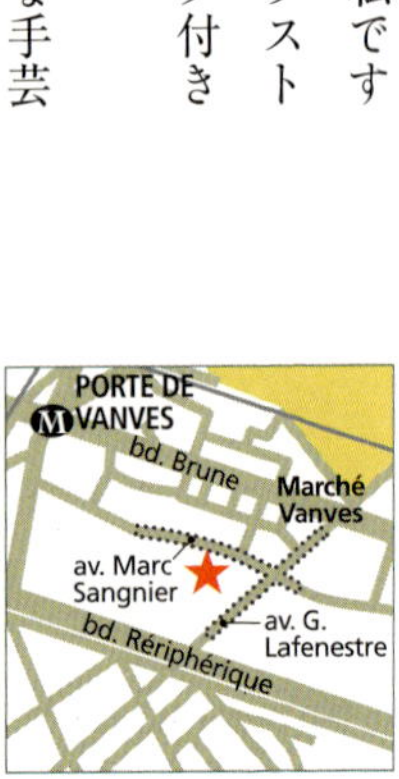

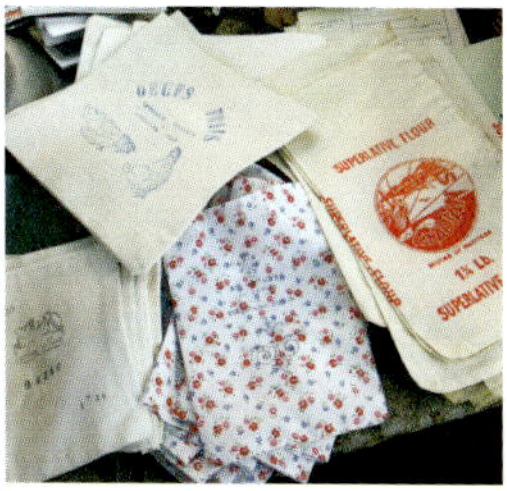

右●その昔、「ミッシー」では、手芸用品以外の雑貨も売っていた。量り売りのセリアルを入れて販売するための布袋。　左●昔のパターンやABCDの刺繍用見本など、様々なブロカントが手に入る。

わったものが沢山あります。

私は、ここ何年か夏は麻のシャリ感が涼しく、冬は柔らかなネル素材が優しい眠りを誘う、そんなアンティークのナイティを愛用しています。こうした寝間着の前立てや肩口には、必ずといっていいほど小指の先ほどの真珠貝のボタンがついています。まだプラスチックが一般的でなかった時代は、こんな真珠貝のボタンがパリから50キロくらい離れたメリュという村の特産品として有名でした。

昨年、メリュの昔の工場跡に建つ、真珠貝美術館を訪れる機会がありましたが、ボタンが作られた詳しい工程を実際に機械を動かしながら説明するセクションがあったり、ボタンから扇の骨まで、女性のために作られた美しい真珠貝の製品を

南フランスの草木染めの小裂は10ユーロから揃う。

"カワイイ"を見つける名人、ジュリアさん。

展示する大変充実したものでした。実際訪れてわかったのは、一口に真珠の母貝のボタンといっても小さなものは直径5ミリ、大きなものは3センチくらいのものまであり、フォームも装飾も千差万別だということ。また、天然素材なので貝によっては微妙に色が異なり、白といっても均一でないところが魅力です。

最近は、こうしたボタンをはじめとした手芸用品、「メルスリー」がアンティーク・マーケットでも大人気です。なかでも数々の雑誌やガイドに取り上げられ、手芸好きが本を片手に走るのが、マルシェ・ヴァンヴのマルク・サニエ大通りの高校グランド前に毎週土曜日スタンドを構える「ミッシー」です。ここでは、オーナーのジュリア・スタウデンマンさ

昔の洋服やリネンの綺麗な部分だけを大事に残し、パッチワーク用に正方形に切ったセット生地もある。

んが集めた、ヴィクトリア時代からアール・デコ時代までの様々な手芸用品が手に入ります。

もともとファッションデザイナーを志していたジュリアさんは、子供の頃から両親に連れられて蚤の市を散策するのが習慣だったといいます。そのうち、自分でもアンティークを買うようになり、なかでも糸の入っていた箱やボタンを留めてある台紙のノスタルジックなデザインに惹かれてメルスリーをコレクションし始めたのが、ディーラーになったきっかけだといいます。

ラインストーンを留めてある優雅な扇形の台紙、また、愛らしい靴形のピンクッションまで、彼女がコレクションするアンティークのメルスリーを見ていると、当時の女性たちがどれだけ手芸に愛を感じていたのかが伝わってきます。なかには、女学生の必修科目だったＡＢＣＤと呼ばれる刺繍練習用の見本もあり、「既製品が生まれる前は、お洒落のためには裁縫の上手下手が問われたのだなあ」と改めて思い、現代に生まれたことに、ほっと胸なで下ろす私です。

ピケ

Piqué

出産祝いに贈られた
真っ白な愛らしい「刺し子」

下は子供用のベッドカバー120ユーロ。上はおしめを替えるときに用いたペタソン65ユーロ。

もともとは庶民の町だったパリ3区の北マレには、最近、現代アートのギャラリーや話題のクリエーターのお洒落なブティックが続々オープンしています。自宅からも歩いて行ける距離にあるため、ここ最近はパリを訪れる度にぶらりと足を運び、「あ、こんなところにこんな店ができた！」と発見しては楽しんでいます。先日、そんな北マレで、またひとつ嬉しい発見をしました。それが、アンティークのテキスタイルを扱うマダム・シリーのショップです。

彼女の店は、ブルターニュ通りに建つ、昔ながらの屋根付きマーケット「アンファン・ルージュ」のなかにあります。ここは16世紀にアンリ4世が築いたパリで最も古いマーケットで、肉や野菜、魚などの生鮮食品だけでなく、イタリア、モロッコ、アンティーユ島や日本のお惣菜がテイクアウトできるうえ、それを市場の一角に設けられたテーブルで食べることもできるという大変便利な場所。パリのど真ん中にあるのに郊外の公園にでも来たような、そんなのどかな雰囲気に引き寄せられて、天気のよい日は近くのブティックに勤めるお洒落なショップ販売員や地元のクリエーターで溢れています。

マーケットからの帰り道、窓辺に並んだガラスの美しさに引き寄

Micheline Ciry
ミシュリン・シリー

35 rue Charlot 75003 Paris
01-42-72-60-08
Filles du Calvaire
OP 11時～13時、16時～19時（日曜は11時～13時半）
CL 月曜、火曜

右●お昼時に訪れて、ショップのオープンを待ちたい（?）マルシェ・アンファン・ルージュ。　左●ほがらかなマダム・シリー。

せられてなかを覗くと、そこには大変珍しい白い刺し子「ペタソン」が。それが、マダム・シリーのショップとの出会いでした。

刺し子は、もともと中央アジアで生まれ、14世紀頃からイタリアを中心に地中海の国々で広まり始め、貿易港として栄えた南仏のマルセイユに16世紀に辿り着きました。その当時、布といえばごわごわした麻や重い毛織物が一般的な時代に、マルセイユではすでに輸入品を研究して編み出した本格的なシルク・ビロードや緞子、またインド風の更紗の生産にいち早く乗り出していたのです。

職人たちは生地を売るだけでなく、こうした布を用いて、膝掛けやスカートを膨らませるためのジュポンを刺し子にして販売することを思いつきます。こうして生まれた刺し子、「ピケ・ド・マルセイユ」は南仏で大人気を博し、他の地方の貴族との結婚とともにヨーロッパ中に広まります。

インドから渡ってきた更紗をキルトした「ピケ・ド・マルセイユ」は、本来、派手な色合いが特徴ですが、なかに、わずか40センチ角くらいの真っ白な座布団状のものがあるのを知ったのは、毎年夏のヴァカンスを過ごした、南仏のリル・シュル・ソルグの大骨董祭でのことです。新たに生まれてきた生命の誕生の喜びを胸に、白地に白い糸で

上右●ナポレオン３世時代に流行した黒檀の家具に合わせ、様々な花を黒いシルク地に刺繍したテーブルクロス 165 ユーロ。上左●19 世紀のカシミールで作ったクッションカバー 65 ユーロ。　下右●アール・ヌーヴォーの時代に流行したエキゾティックは植物、棕櫚をモチーフにしたリヨンのシルク地。グリーンは当時の流行色。下左●アール・デコの時代にマントウ・デ・マニラをジャケットにした。

農家で用いられた麻のシーツ 120ユーロ。

一針一針繁栄や愛情を意味するモチーフ、ぶどうや麦穂、花籠を刺した座布団は「ペタソン」と呼ばれ、赤ちゃんの誕生のお祝いに名付け親から贈られるのが習慣です。おしめを替えるときの座布団ですから、きれいな状態で残っているものは大変稀少。まして、目が細かく、浮き彫りのはっきりした美しい18世紀のものは、ミュージアム・ピース並みに見つけるのが難しいそうです。

マダム・シリーは、「販売より買い付けが得意」で、馴染みの顧客から掘り出し物があると聞くと、いても立ってもいられず営業時間でも、店を閉めて買い付けに出かけてしまうと告白してくれました。そのため「営業時間はあってないようなもの」なのだとか……。でも、そんな彼女の悪癖（?）のおかげで、店の商品は27年前のオープン当時から値上げしていないのでは？　と疑うほどお買い得です。「ペタソン」はじめ一点物のアンティークは、常時ある品物ではありません。しかし、マダム・シリーの店では19世紀にインドシナからヨーロッパに渡ったショール、「マントウ・デ・マニラ」を用いたジャケットや19世紀中頃のテーブルクロスまで、女性たちの手仕事の妙が生かされた珍しい品々に出会えることが約束されています。

文房具

Papeterie

旅の思い出を伝える
ポストカードやレターセット

家族の絆が強まった50年代の母の日のカード。

最近でこそメールで済ませてしまうことも多くなりましたが、子供の頃から手紙を書くのが大好きで、文通相手を見つけては手紙のやり取りをしていました。こう見えても案外照れ屋で、逢えば表情や仕草で伝わることも電話だと表現しづらくなる。だったら相手を想いながらじっくり文章にしたためることができる手紙は気が楽だし、投函してから「届いた」と返事をもらうまでの時間は相手の反応を想像してわくわくできるので、今でもこまめに手紙を書いています。旅先から、東京で待つ友人や家族に「次は一緒に来れたらいいね」という思いを込めてポストカードを送るのも日常茶飯事ですし、東京なら鳩居堂やオン・サンデーズ、パリならマリー・パピエ等々、情緒溢れる手紙のコミュニケーションを演出するために、素敵なレターセットを置く店をいつもチェックしています。

19世紀のはじめのフランスでは、手紙をしたためることが女性の間で大流行し、淑女の朝は、召使いが銀のトレイに載せて運んできた手紙を読むことから始まったようです。そんな習慣に合わせて、レターセットや封印用の印章など、美しく贅沢な小道具が次々誕生しました。また、19世紀の後半になり、列車の旅が一般的になると、そ

Au Petit Bonheur La Chance

オ・プティ・ボンヌール・ラ・シャンス

Village St Paul 13 rue St Paul 75004 Paris
01-42-74-36-38 Ⓜ St Paul
OP 11時～13時、14時半～19時
CL 火曜、水曜
mariapiavarnier@free.fr

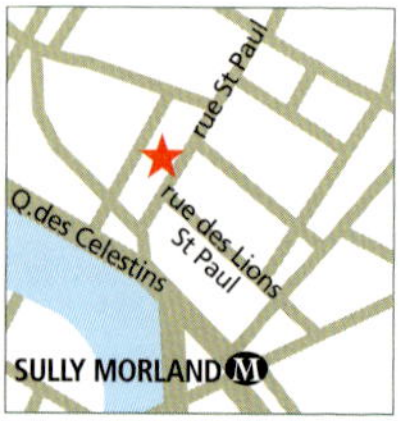

上●文房具からキッチン用品まで、ありとあらゆるデッドストックが陳列されている。ゆっくり目を慣らしながらお目当ての品を探し出したい。　左●ショップはヴィラージュ・サンポールの一角にある。

れに伴い旅情をかき立てるイラストのポストカードが沢山作られました。それらの絵はがきには、ナポレオン3世が好んで訪れたバスク地方のビアリッツや温泉療養で有名なヴィシー、また、地中海までの高速列車「トラン・ブルー」が敷かれたことでお金持ちの避寒地になったリビエラ海岸など、19世紀から20世紀はじめのヴァカンス地の名前と風景をバックに、時代を反映した興味深いファッションに身を包む女性たちが描かれていて、ファッション史を学ぶのにも役立ちます。

20世紀になると写真が一般的になり、今度は町の名所をバックに人を撮影したものが一般的になります。なかには現在と同じような風景に出会うこともありますが、よく見ると、被写体の男性の足元は懐かしい木靴だったりして、時代の移り変わりを感じることもしばしばあります。

また、戦勝国であるアメリカの豊かな文化が理想となる1950年代は、今以上に家族の絆が強まった時代で、母の日、父の日、クリスマスなどの行事がとても大事にされました。この時代のものに限っては、歳時ごとのポストカードがクリスチャンの宗教的なイメージは一切感じられない、アメリカナイズされた可愛らしい図案であることが特徴です。

ある日、マリー・パピエに行くついでに、サン・ポール駅の周辺を散歩していたとき、なんだか愛らしいポストカードをウインドー一面に並べている店を見つけました。それが、60店ほどの小さなアンティークショップが軒を連ねる「ヴィラージュ・サンポール」にある、「オ・プティ・ボンヌール・ラ・シャンス」です。

この店にまず足を踏み入れて驚くのが、19世紀末

右●子供用のカフェオレ・カップや1900年頃の七宝焼のホテルの部屋番号9ユーロなど、アイデア次第で素敵に使える小物が溢れている。
左●カフェのメニュー各2ユーロ。

右●40 ～ 50 年代の石けんの包み紙や香水のエチケット 2～ 5 ユーロ。
左●50 年代のクリスマスカードはカトリックの国フランスでも宗教色を感じないのが特徴。

から20世紀にかけてのレターセットやポストカードはもちろん、昔の文房具店や小間物屋のデッドストックなど、とにかく細々したもので溢れ返っていることです。安い物は数サンチーム、高いものでも数十ユーロの品々は、女性の化粧が一般的になったベル・エポック時代（1910年頃）の白粉のパッケージや香水のラベルからカフェのメニューやラッピング用品まで、見ているだけで仕合わせな気分に浸れるものが集まっています。

　顧客は、特定なキャラクターをコレクションする紙物マニアの男性から、キッチュで愛らしいものを好む女性、また、貯めたおこづかいでおもちゃを買う子供まで、様々。また、パリを訪れ、おばあちゃん家の屋根裏にあるような懐かしい品々に惹かれて偶然店に入り、記念にとショッピングしてしまう観光客もいるそうです。

　店だけでなく、店員さんまで駄菓子屋のおじさんのような優しさで対応してくれる、まさに、パリのハッピースポットのようなアンティーク屋さんなのです。

ニコラ・レモンさんのショップにぎっしり積まれたお宝本は、すべてビニールのカバーがかかり丁寧に保管されている。

古書

Livre ancien

じっくり選んで思い出の一冊を見つけたい

「ジルベール」や「フナック」といった少数の大型書店以外は、雑誌なら「キオスク」か「リブレリ・パペトリ」、美術書なら「リブレリ・ダール」と、フランスでは、そのとき欲しい一冊によってそれぞれの専門書店に足を運ぶのが常です。日本では、地元の小さな本屋でも、雑誌から単行本まで簡単に手に入るため、このシステムに馴染むには時間がかかりますが、それだけに専門店には、日本では出版するのが難しそうなマニアックな美術書が並び、絶版になった本もかなりの確立で手に入ります。

こうしたショップが存在するのは、プロの店員たちがインターネットのない時代から、出版社と専門書店同士のコミュニケーションを形成し、研究者や愛好者のために新刊本の情報や古書リストを網羅してきたためです。扱う本をすべて把握し、欲しい本の題名を告げただけで即座に有り無しを答えてくれる、そんな彼らの存在があるだけでも、専門書店に

FABLES

足を運ぶ意味があるというものです。

　また、あるインテリア雑誌で、フランス人が自宅のなかで最もくつろぐことのできるスペースの第1位が「図書室」であるという結果が出ていました。私自身も「図書室は家の要」とか「将来『図書室』のある家に住みたい」という話を度々耳にし、「外見の良し悪しよりインテリであることが人間の魅力」と豪語するフランス人らしいなあ、と感心したことがあります。もちろんすべてのフランス人がそれほど本好きではないにせよ、「壁面がすべて書庫になった静かな空間を手に入れたい」と願う人が日本人より圧倒的に多いことは確かです。実際読む読まないは別として（?）、書棚に革張りの限定版をシリーズで揃えるのもフランスでは一種のステータスです。それだけに、最近は、本当のコレクターは購入しない、何冊か歯抜けのシリーズ本を自分の書棚に合わせて「何センチ幅」で販売する一部の中古書店が出現したそうです。

　古書を求める際、セーヌ川岸の古書店「ブルキニスト」や蚤の市で手に入れることは可能ですが、よほどのマニアでない限りどさりと積まれているなかからお目当ての一冊を見つけるのは不可能です。そ

Nicolas Rémon
ニコラ・レモン

Marché Vernaison Stand148bis, Allée7
136 Ave Michelet 93400 Saint-Ouen
01-40-10-29-32
Ⓜ Porte de Clignancourt
OP 11時15分～18時（日曜は10時～） CL 火曜～金曜

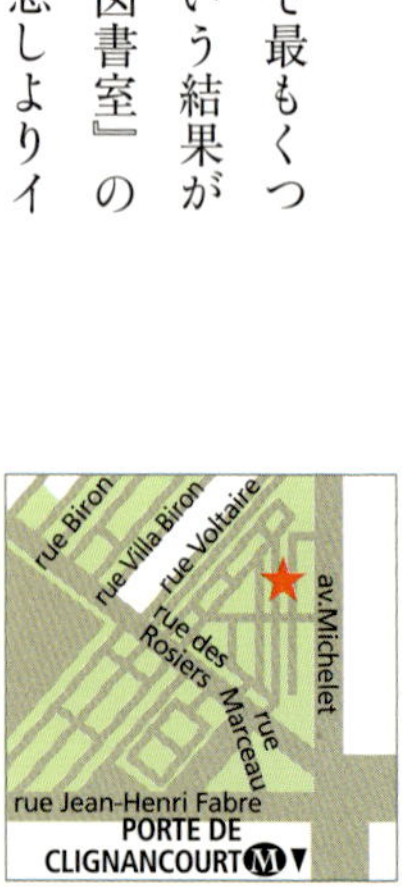

上●ジョー・ハマンがイラストを手掛けた1928年のペローの『長靴を履いた猫』。1000/750と限定本のナンバー入り。160ユーロ。　左●マルシェ・ヴェルネゾンにあるニコラ・レモンさんのショップ。

こでお勧めしたいのが、オーナーが在庫を把握し、種類も豊富でカテゴリー別にきちんと整理整頓されているクリニャンクールの専門店です。

まず、1軒目はノルマンディーにもショップを持つニコラ・レモンさんのブティック。ここは、その種類の幅の広さでコレクターから旅の思い出の一冊を手に入れたいと願う観光客まで、どちらのニーズもかなえてくれる便利なショップです。山積みの宝の山のなかから、レモンさんが私たちにお勧めしてくれたのは1920年から35年頃までのイラスト入りの童話です。

この時代はちょうどアール・デコ期と重なり、雑誌「ヴォーグ」が

創刊し、そのなかでモードのイラストが取り上げられて大流行した時代です。そうした流れのなかで、ジョルジュ・バルビエや

1869年のグランヴィユ作『メタモルフォーズ』（変身）は、当時最新の活版印刷に手彩で色をつけた貴重な一冊。挿絵のあるページには1枚1枚薄紙が敷かれていて、この本が、大変大切にされていたことを物語っている。

ジョルジュ・ルパープなど、天才的なイラストレーターが次々に誕生しました。この時代のイラストは、キャラクターの描き方が誰からでも愛されるように可愛らしく、色鮮やかなことが特徴。ペローの『長靴を履いた猫』など、子供の頃に読んだ童話ならフランス語が読めなくても大体の物語は把握できますし、挿絵を見ているだけでも仕合わせな気分に浸れます。

また、コレクター垂涎の一冊を手に入れるのなら、マルク・メナルディーさんの「オピュス」がお勧めです。ここでは、価値ある金糸の錦織で装丁された有名装丁家の限定本や、日本、中国、オランダと名付けられた高価な手漉きの紙に印刷された初版本など、限られた数しか存在しない珍しいものばかりが揃っています。特に「ティ

マルシェ・マラシスの2階にあるショップ。この秋在庫が見やすいようにリニューアルオープンする予定。

Librairie Prologue
リブレリ・プロローグ

Marché Malassis Stand193,194
142 rue des Rosiers 93400 Saint-Ouen
☎ 06-21-72-03-78 Ⓜ Porte de Clignancourt
OP 10時～18時（金曜は9時～12時） CL 火曜～木曜
librairieprologue@club-internet.fr

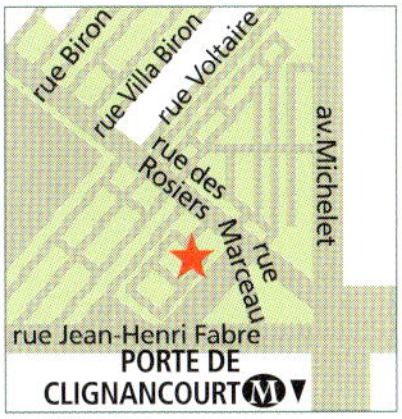

リブレリ・プロローグでは、アート、インテリア、ファッション、演劇、バレー等、近代史を物語る雑誌やオークションカタログが様々手に入る。

オピュスでは手透きの紙に印刷し、手作りで装丁した特別な本を揃えている。これは、金糸の緞子で内張りされた限定本25冊の1冊目で、ペーパーナイフでページを1枚ずつ切って読む。2巻で1,100ユーロ。

ラージュ・ド・テット」と呼ばれる限定本の1冊目には作家の自筆サインがなされていることもあり、非常に高値で売買されるそう。中世の本さながら、輪に綴じたページをペーパーナイフで切りながら読んでいく快感は、一度経験したら病みつきになるのだそうです。

フランスの風俗史を知るなら、何千冊もの昔の雑誌の在庫を持つ「リブレリ・プロローグ」がお勧めです。画家フジタなどとも交流があり、当時の有名人たちをモンパルナスのスタジオで撮影していたマン・レイや、オードリー・ヘプバーンの「マイ・フェア・レディ」の衣装もデザインしたことで知られるマルチ・アーティスト、セシル・ビートンら、有名写真家が雑誌作りに参加しているファッション雑誌からは当時の女性の趣味嗜好や生活が窺えます。また、ピカソやダリといった近代の巨匠のインタヴューが載っているアート雑誌からは、時代の流れとそれに伴う彼らの画風の変化を、画家本人の語り口から知ることができ、研究書以上に価値がありそうです。こうした雑誌は1冊1ユーロからあって初心者にも手軽に購入できるものが多いので安心です。

いずれにせよ、これぞという一冊を見つけ出すのはコレクターにとっても時間がかかるものです。古書を購入するなら、フランス人の本好きに倣って、この日だけはたっぷり時間をかけるつもりで、パリ滞在の思い出に残る一冊を手に入れていただきたいと思います。

「身だしなみの哲学」などを内包した19世紀はじめのバルザックの『優雅な生活論』は、1色ずつ印刷するため手間がかかるポショワールという昔ながらの技法で印刷されている。130ユーロ。

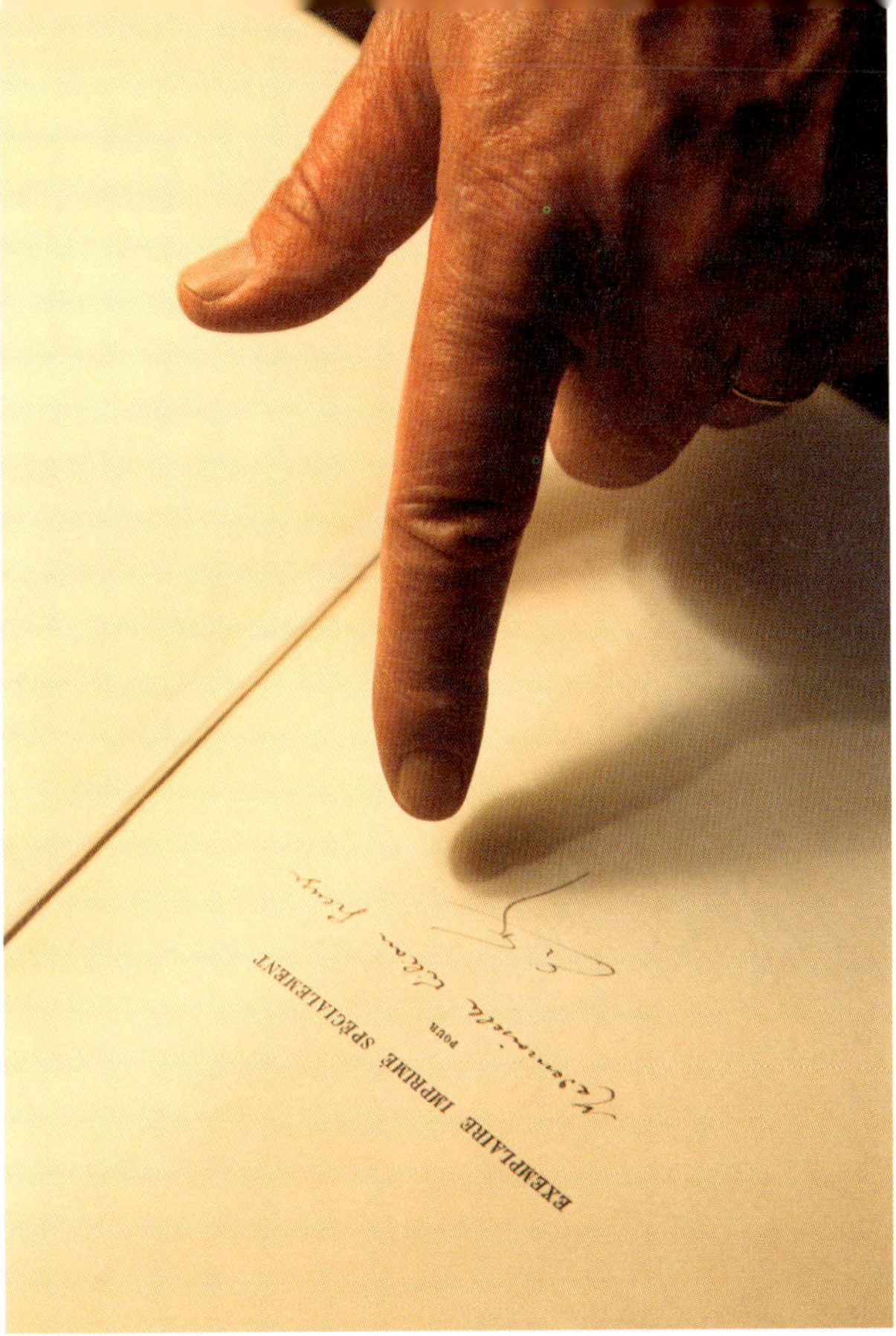

作家自らのサインが入った限定本の１冊目。

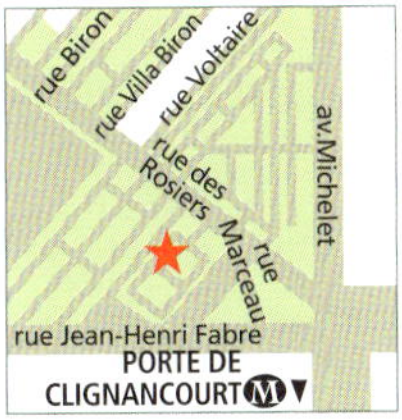

Opus

オピュス

Marché Malassis Stand195
142 rue des Rosiers 93400 Saint-Ouen
01-58-61-38-20 M Porte de Clignancourt
OP 10時半～18時半
CL 火曜～金曜

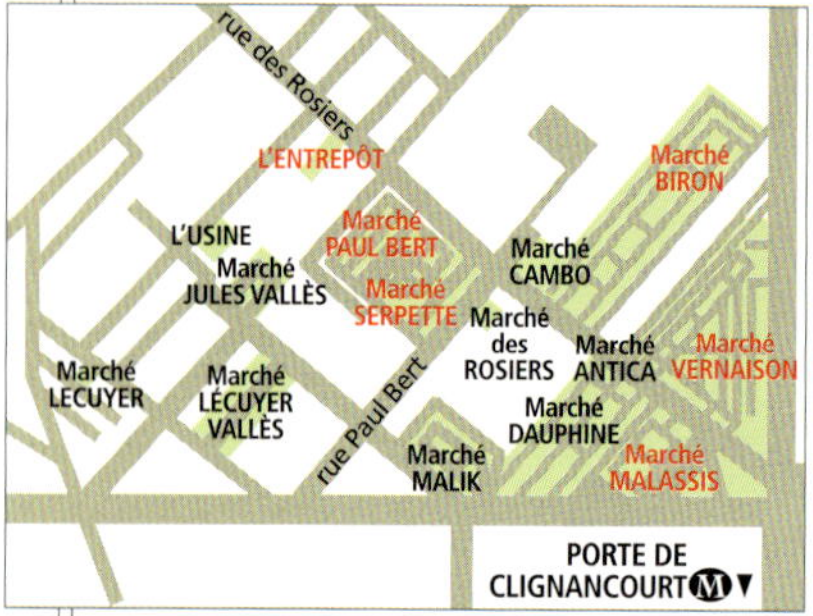

世界最大の蚤の市、クリニャンクール

第一次世界大戦終戦直後、物資の少ないパリの北の端、ポルト・ド・クリニャンクールで、そこに土地を所有する大地主のかけ声によって、リサイクルも兼ねた古物商の市が立ち始めました。これが現在、年間6000万人もの観光客を誇る世界最大級の蚤の市、クリニャンクールの発祥です。現在ここで取引されるアンティークは時計から人形、はたまたタンスまで千差万別。「マルシェ」と名付けられた16のエリアは、個性溢れるアンティークを扱う1700人のディーラーのスタンドでひしめきあっています。

クリニャンクールで初心者にお勧めなのは、設立者の名前をとった最も古い「マルシェ・ヴェルネゾン」です。両手を広げたくらいの店先には、いくつか割れて半端になった陶磁器のセットや破格値のついたノベルティーの灰皿が並び、昔なじみの客とディーラーが、長年の友人のように語り合う、素朴な蚤の市の風情を色濃く残す「マルシェ」です。

地下鉄の駅からのアクセスは、アフリカ系移民のマーケットがあって外国人にはちょっと不安。リュクセンブルグ公園からパリを横断してロジエ通りまでアクセスできる、85番のバスを利用するのがお勧めです。また、もう一つのお楽しみが、気さくなサービスが売りの、目抜き通りロジエに点在するビストロのランチです。ステーキやムール貝のポテトフライ添えなど、パリの定番メニューが手頃な値段で楽しめます。

Column 2

Ⅲ

アンティークでちょっと贅沢に

右から２番目、左の２点はアルプス、サヴォア地方のもの。特に左端は中央の菱形の部分にハトが描かれ「ジャネット」と呼ばれている。

十字架

Croix

フランス人もあまり知らない
地方の"ジュエリー"

フランスの地方文化を日本に伝える。そんな大それた使命感を胸に抱き、いきなりパリを飛び越えてブルターニュに渡った私ですから、フランス中に様々なスタイルの十字架が存在していて、それが地方の産業や文化と深く結びついていると知ってしまってからは、クリスチャンでもないのにやたらと十字架に目がいくようになりました。

女性なら、誰もが持つお洒落願望。しかし革命が勃発するまでフランス政府は民衆が華美になることを恐れ、ヴェルサイユに集う宮廷人だけにジュエリーの着用を許していました。

そんな時代、十字架は民間の人々に許された唯一のジュエリーだったのです。「ジャネット」というスタイルの十字架は、その昔、聖ジャンのお祭りに身に着けるために、ある小間使いが大枚はたいて購入した十字架だといわれています。小間使いの名前がジャネットといったとか、聖ジャンがなまってジャネットになったとか、逸話はまちまちですが、いずれにしても、小間使いから地主のマダムまで、階層を問わず女性たちはそれぞれの懐具合に合った十字架を手に入れ、それを唯一のジュエリーとして肌身離さず身に着けたのです。

現在手に入る十字架は、オーヴェルニュやサヴォアといった外部

Almandine

アルマンディン

72 rue du Cherche Midi 75006 Paris

01-45-49-23-43

Sèvres Babylone

OP 11時〜19時（月曜は14時半〜）

CL 日曜、月曜、祝日

と接触が少なく、信仰心の強い山間の地方のものが中心です。また、裕福な豪農が多くいたノルマンディーでは、ピレネー山脈で採れた水晶をダイヤモンドのようにカットしてメタル細工に用いた「サン・ロー」から、漁に用いる置網の結び目を模した「ミラノ」（語源はフランス語のmille anneaux〈千の輪〉）まで、華やかな十字架が沢山作られました。

なかでも、ユグノー教徒の十字架として知られた「サン・テスプリ」は、キューピッドの化身である鳩がモチーフで、その愛らしさで乙女心を魅了します。十字架は、結婚式のために指輪、イヤリングと

右●パイヨンと呼ばれる色の箔を敷いて色石に見立てた18世紀のオーベルニュ地方の十字架。18K、1,300ユーロ。　左上●ペーストと呼ばれる硝子の粉を固めたものとシルバー、マーカサイトの「サン・テスプリ」150ユーロ。　左下●ピンクトパーズとシルバーの十字架450ユーロ。

セットで贈られたこともあったといいます。現代の婚約指輪同様、その美しさは愛の重さにも比例したのでしょうか？

こんなに十字架に種類があることを、実はフランス人でも知る人は稀です。１９８７年にパリのブローニュの森にあった民芸資料館「アート・ポピュレール」（現在は閉館中で、２０１１年にマルセイユにオープンする予定）で開催された展覧会が、フランス中の十字架が展示された最初で最後の機会だったそうです。

十字架は他のジュエリーとは違ってシンプルな銀や金で作られているため、受け継いだ人たちも意に介さず、机の片隅に放っておくうちになくしてしまったりして現在残っているものはほんのわずか。また、貴重だからといっても宝石のような高い値段をつけるわけにもいかず、パリのアンティーク・ショップでも扱う店はごくわずか。「珍しい十字架が見つからない」。そんなジレンマを抱えていたときに出会ったのが、かね

下２つ●薔薇の蓋をあけるとサン・テレーズのメダルが現れる、クリスチャンのための指輪。18K、750ユーロ。　左●「タンバル」と呼ばれるワインやリキュール用のカップは、幸運を祈る贈り物にされるのが常だ。250ユーロ〜。

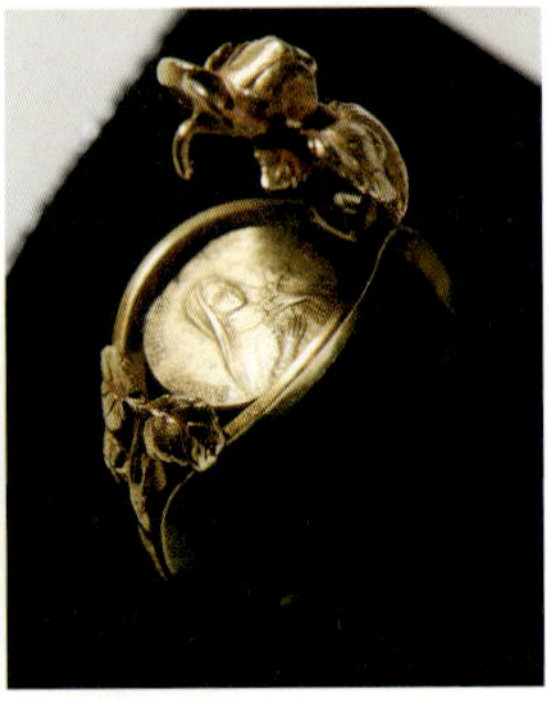

右●左岸らしい落ち着いた雰囲気のカフェやショップが軒をならべるシェルシェ・ミディ通りに面している。　左●アルマンディンさんの息子、ニコラさんの本業は役者さん。

てから知るジュエリーショップ「アルマンディン」でした。

アルマンディンさんは、かつて私がパリ在住だった頃、左岸のデパート、ボン・マルシェの2階のアンティーク・アーケードに店を構えていました。当時から彼女の店では地中海の赤珊瑚の十字架を含め、オリジナリティー溢れるジュエリーを沢山扱っていました。ところがある日久しぶりに訪れると、アンティーク・アーケードは消えていて、若いクリエーターのモードを扱う空間に様変わり。以来、気にはなっていたものの移転先を探すまでには至らなかったのです。

メトロのサン・シュルピスからファルゲールまで、6区を西東に長く延びるシェルシェ・ミディ通り。昔から貴族や文豪が好んで暮らしたこの界隈は、地元の人々が集うビストロや商店もどこかお洒落。そんなシェルシェ・ミディ通りをそぞろ歩いているときに、偶然、昔懐かしい「アルマンディン」を見つけました。現在は、3代目になるイケメンの息子さんが店に立つことが多いというものの、アルマンディンさんの扱うロマンティックな十字架コレクションは今なお健在です。

右端は、バカラ製450ユーロ、手前はベルギー、ヴァルサン・ランヴェール製150ユーロのクリスタルのバギエ。中央がウラングラスのバギエ180ユーロ。

バギエ

Baguier

入手困難な
ガラス製のリングホルダー

フランス語で「村」の意味であるヴィラージュは、時に、塀で囲われた一角に家や店が固まって立っている場所を呼ぶことがあります。エッフェル塔からもほど近く、近隣には豪奢なオスマニアン邸宅が並ぶ15区のモット・ピケ通り沿いにある「ヴィラージュ・スイス」は、60軒程のショップが集まる、まさに村のような場所。薔薇の季節は〝住人〟であるアンティーク屋さんたちが、芳香に満ちた中庭でおしゃべりに精を出す、そんなのどかな時間が流れています。

背伸びして手に入れたいインテリアの装飾品はもちろんのこと、「カンバセーション・ピース」と呼ばれる、会話のきっかけ作りになるテーブルウェアなど、安心して購入できる品を扱う老舗が軒を連ねていますが、最近は話題にも上ることが少なく、私自身もあまり訪れる機会がありませんでした。だからこそ、掘り出し物を見つけられる可能性も大。そんなコレクター魂が頭をもたげ、久しぶりに「ヴィラージュ・スイス」を訪れてみることにしました。

人通りもまばらな平日の午後。素直に美しいと感じるナポレオン3世時代の金彩のクリスタルグラスやリモージュの陶磁器の専門店など初心者向きのアイテムを横目に、「何か珍しいもの」を求めてきょろ

Galerie Mercure

ギャラリー・メルキュール

Village Suisse
54 Ave de la Motte Piquet 75015 Paris
01-45-66-08-11 M La Motte Piquet Grenelle
OP 10時半～19時 CL 火曜、水曜

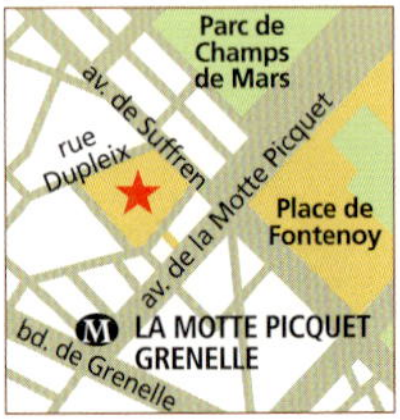

右上●手前は珍しい陶磁器のバギエ。珊瑚は妊婦と赤ちゃんのお守りとされている。130ユーロ。後ろが19世紀はじめのオパリンガラスのバギエ435ユーロ。 右下●愛のモチーフが描かれた「バギエ・ド・マリアージュ」550ユーロ。左●1920年代のバカラ製360ユーロ。

きょろしていると目についたのが、真ん中に一本棒が立った不思議なガラス皿たちです。「いったい何に使うのだろう？」そんな思いで近寄ってよく見ると、なんとその棒にいくつもの指輪が通されているではありませんか！ そう、これこそがフランス語で「バギエ」と呼ばれ、熱心なコレクターがいるリングホルダーでした。

「バギエ」は、19世紀はじめに香水瓶同様、女性用の鏡台、ターブル・ド・トワレットの上に置く実用と装飾を兼ねたガラス製の化粧セットのひとつとして生まれました。この時代、特に人気が高かったのは、「米の粉色」という白濁色から「鳩の喉」というピンクやトルコ石色まで、陶磁器のような不透明さが特徴の「オパリン」と呼ばれる吹きガラス製のものです。

右●これだけバギエのコレクションが揃っている店も珍しい。　左●地中海の珊瑚のジュエリーも数多く揃えている。

9区にある「ラ・ヴィー・ロマンティック（ロマンティックな人生）」美術館は、その名の通り薔薇の咲き乱れる愛らしい美術館で、元は、19世紀のはじめ、男装の麗人としても知られた作家ジョルジュ・サンドや恋人ショパンが集った友人画家のアトリエでした。館内には、サンドのコレクションが展示され、当時の知識人たちの英気溢れる生活ぶりが伝わってきます。展示されていたオパリンガラスのコレクションのなかに「バギエ」があったかどうかは忘れてしまいましたが、珊瑚やカメオのジュエリーを愛したサンドが、こんなオパリンガラスの「バギエ」にリングを置いていたらきっとぴったりはまるだろうなあと、その優雅な美術館を改めて思い出しました。

20世紀はじめ、化粧することが女性の嗜みになってきた時代に「バギエ」の流行もピークに達します。この時代は、サン・ルイやバカラといった、フランスの名だたるガラスメーカーが「バギエ」を手掛けた時代でもあり、色も形も様々なものが誕生しました。特に珍しいのは赤やピンクのバカラ製。特に赤いガラスは金を必要とするので一番高価とされるのです。また、闇夜でぼおっと光るグリーンのウラングラスは身体に害があるとされる鉛を含んでいるため、現在では製造中止になっていて、高値で取引されるコレクションピースです。

そんな「バギエ」のなかで、最も情緒的なのは、なんといっても「バギエ・ド・マリアージュ」でしょう。キューピッドの化身である鳩や「貴方を想う」というメッセージ代わりに用いられたパンジーの花、また、熱烈な愛のメッセージが彫られた「バギエ」は、二人の新たな仕合わせな門出を祝う贈り物にされることが多かったそうです。

手に入れるのが難しいアイテムであるからこそ収集熱が沸騰する。「バギエ」はそんな刺激的なコレクターズアイテムなのです。

右●質の良いアンティークが集まり、品のよい顧客が行き交うヴィラージュ・スイス。
左●仲睦まじいミショー夫妻。

アペリティフのプティフールをサービスするためのアルジャン・マシッフのサーバー 145 ユーロ。

銀製品

Argenterie

心地よく
柔らかな口当たりが
忘れられない

永遠に壊れることなく、変わらぬ輝きを放つ銀。そんな銀製品を幸福の象徴とみなすフランスでは、「銀のスプーンをくわえて生まれた子は一生食べるのに困らない」といって赤ちゃんの誕生祝いに贈ったり、「クラスの象徴」として、お金持ちの財産目録には不可欠な存在として珍重されます。

5年間にわたる、私のフランス生活は、レセプショニストとして研修しながら語学をマスターしたブルターニュのシャトーホテルから始まりました。当時、18世紀建造のシャトーのなかには、アンティークの家具やシャンデリアなど様々な装飾品があって、日常生活のなかで現役でその役目を担っていました。私がアンティークに傾倒していったのは、日々そうしたアンティークに囲まれ、それを使う心地よさを実体験したからなのです。

そんなアンティークのなかで、最も印象に残っているのが銀製品です。当時、ホテルのダイニングはミシュランの1つ星を獲得していて、毎日、その料理を味わおうと訪れるグルメなお客で溢れていました。毎朝早番のサーバーたちは大きなアンティークのビュッフェタンスのなかから銀のカトラリーを取り出すと、陶磁器の飾り皿やクリス

Argenterie d'Antan

アルジャントリ・ダンタン

6 rue de Birague 75004 Paris

01-42-71-31-91 Ⓜ St Paul

OP 10時半～13時、14時～19時（日曜は午後のみ）

CL 月曜

www.argenterie-dantan.com

上右●ホテル・ムーリスやレジーナは高級銀ブランド、ブーランジェのシルバーウェアを使っている。　上左、左●ムーリスのＭやレジーナのロゴが刻まれた銀食器。

タルのグラスとともに、テーブルの端から何センチとメジャーで測ったように並べていくのです。大切な銀製品を扱う緊張感からなのか、彼らの真剣な面持ちは、何かの儀式に参加しているようにも見えました。夜ともなるとシャンデリアの光を受けた銀製品がお客の手元で蝶々が舞うように優雅に煌めくのです！　その様子を眺めていると、侯爵たちが過ごした18世紀のシャトーライフが復活したようで気分まで高揚してきたものです。

シャトーでは、私たち従業員が日々用いるカトラリーも銀製品でした。ところどころへこんでしまってダイニングではもはや使えないものでしたが、その重厚感と唇に当たる柔らかさは日本では体験したことのない心地よさ。以来、自分で買うカトラリーは「アルジャン・マシッフ」と呼ばれるスターリング・シルバー製か「メタル・アルジャンテ」と呼ばれるシルバープレート製の一辺倒です。

そうして集めてきた銀製品は、ティースプーンからケーキサー

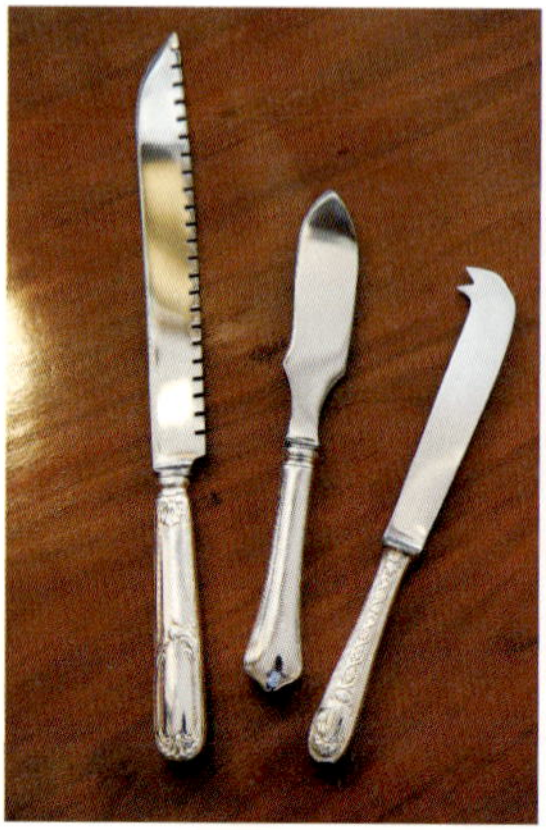

右上●探すのが難しいエルキュイの魚用のカトラリー。新品ならフォーク＆ナイフの 12 本セットで 1,200 ユーロだが、アンティークなら 350 ユーロで購入できる。　左上●ナイフはいろいろな形がある。右はチーズ用、中はペーストをパンにつけるため、左はパン用ナイフ。30 〜 45 ユーロ。　左下●アール・デコらしいフォームのピュイフォルカのカトラリー。　右下● 19 世紀中旬の中国の壷にシルバーの蓋をつけた紅茶入れ 380 ユーロ。

アール・ヌーヴォー時代のデザイナー、ラヴァン・ダンフェールのサイン入りのシルバープレートのパン入れ 220ユーロ。

バーまで様々。見つけては買い足してきたクリストフルの定番「ヴァンドーム」のシルバープレートのセットや、美しいフォルムに惚れ込んだアルジャン・マシッフのデザートサーバー、また、スプーン部分にレース編みのような穴が開いている、いちごに砂糖をふるときにだけ用いるシュガースプーンなど、用途に合わせて作られたシルバーウェアはどれもこれも思い入れのあるものばかりです。ちょっと贅沢な気もしますが、その使い心地を知ってしまったら最後、ステンレスには戻れないのが現実です。

ヴィクトル・ユーゴーの『レ・ミゼラブル』に銀の燭台を盗むエピソードがあるように、昔から銀製品は貨幣と同じ価値がありました。そのため、金や銀の貴金属製品を扱う職人は「オルフェーヴル」と呼ばれ、国王の統制下で組合に所属することが義務づけられていました。彼らのアトリエは全面ガラス張りで、日中しか仕事をしてはならず、正式な注文品のみを製造することという厳しい決まりがあったのだそうです。また、こうした職人たちは無償奉公から始め、アトリエを構える親方である「メートル」の資格が与えられるのに10年もの月日が必要でした。

左●17世紀の豪奢な建物に囲まれたヴォージュ広場。広場の一角には、ヴィクトル・ユーゴー美術館や星付きレストラン「ランブロワジー」もある。
右●ブランドのシルバープレート製品は1ピース8ユーロからある。

フランスでは、貴金属製品にポワンソンと呼ばれる「刻印」が必ず押されています。かつてはメートルの刻印など、4つが押されていましたが、フランス革命後は、2ミリ程の菱形のなかにメーカーのイニシャルやロゴマークが描かれた「ポワンソン・ファブリカン」（製作者の刻印）と、国の品質保証局が定めている「ポワンソン・ティートル」（品質の刻印）、「ポワンソン・ド・ギャランティー」（保証の刻印）の3つのポワンソンが義務づけられています。この刻印には税金がかかるのでオルフェーヴルは大変ですが、おかげで私たち消費者は偽物のシルバーや金を掴まされることはない嬉しいシステムです。

すべてを覚えるのは無理ですが、1838年以降のアルジャン・マシッフには鬘を被った「ミネルヴァ（女神）の横顔」がポワンソン・ド・ギャランティーとして押されているので覚えておくと便利でしょう。また、現在のアルジャン・マシッフの銀の含有量が92・5%なのに対し、1972年以前のものなら95%以上が定められていて、より高品質だったことも忘れてはいけません。

日本人によく知られる「クリストフル」は意外に後発で、19世紀の中頃に電気メッキが発明されて金銀製品が大衆化されるようになったことで有名になりました。老舗ブランドなら、王室御用達の「オディオ」や「エルキュイ」、また、アール・デコの時代に一世を風靡したシルバーメーカー「ピュフォルカ」。それ以外には、1920年代にクリストフルに吸収された「ガリア」や、戦後すぐ姿を消した「ブーランジェ」が非常にクオリティーの高い製品を生み出しています。とはいえ、メタル・アルジャンテで有名なクリストフルにもアルジャン・マシッフがありますし、アルジャン・マシッフで有名な老舗ブランドにもメタル・アルジャンテがあるので、購入する場合はよく確かめることをお勧めします。

また、銀製品をセットで探すのなら、ホテルの格を証明するためオーダーされた、一流ホテルのロゴ入りの銀製品はいかがでしょうか？　これらは一斉に安く放出されることもあるので、見つかればお買い得。まめにアンティークショップを覗いて探してみてください。

右●ヴォージュ広場から近く、観光客も気軽に入れる雰囲気の店。
左●オーナーのコリンヌ・ジャヴァロイさんは英語も堪能。

アール・ヌーヴォー時代の自然主義を象徴したようなバルボティンの皿。120～ 500 ユーロ。

バルボティン陶磁器

Barbotine

個性的なモチーフから
自分好みを一点を

粘土をかなり軟らかく形成しやすくし、いろいろな形の型にいれて作ったバルボティン陶磁器は、フランスでは北部のオルシーや東部のサルグミン、リュネヴィル窯で多く作られた陶磁器の総称で、イギリスでは「マジョリカ焼き」として親しまれています。殻付きのホタテ貝を並べるための大皿、また、花弁を大きく広げた一輪のマーガレットやパンジーの皿など、蚤の市でもひときわ目を引く色とりどりの可愛いらしい皿たち。それが、19世紀末から20世紀にかけて、わずか50年間に大量に生産され、未だに愛され続けているバルボティン陶磁器です。

バルボティン陶磁器の歴史を物語るのに欠かせない人物に、16世紀の陶工、ベルナール・パリッシーがいます。当時、お金持ちの間では、庭に人工の洞窟「グロッタ」を造ることが大流行りしました。岩壁を掘り、そこに小石や貝殻を用いて水の流れる仕組みを造った本物そっくりの洞窟は、「グロテスク」の語源になったとおり、一種異様で奇妙なものだったようです。

名陶工として知られただけでなく、科学者、博物学者として知られたパリッシーは、時の国王アンリ2世のエクアン城のなかにグロッ

Laurance Vauclair

ローランス・ヴォークレール

Marché Paul Bert Stand 77 Angle Allées 1&6
18 rue Paul Bert 93400 Saint-Ouen

06-09-48-27-86 (M) Porte de Clignancourt

(OP) 金曜7時～13時、土曜9時～18時、日曜10時～18時、
月曜・祝日10時～17時 (CL) 火曜～木曜

info@galerie-vauclair.com

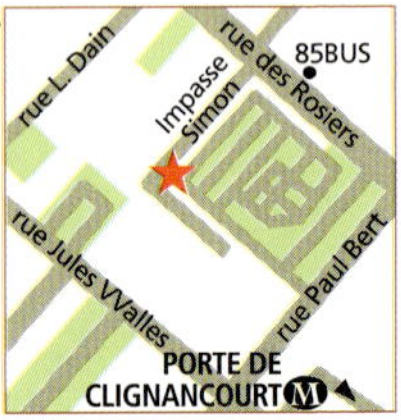

右上●ゆで卵をサービスするための「ウフリエ」。右は塩、胡椒入れ。　右下●ピッチャーのなかでも動物のものは特に珍重される。オルチー窯 500 ユーロ。　左●アスパラガスや貝のモチーフは最も典型的なモチーフ。

タを造る依頼を受け、研究に研究を重ねた結果、鉱物顔料を用いて本物そっくりの蛇やカエルなど、グロッタのなかに生息しそうな爬虫類や昆虫を陶磁器で作り出したといいます。最終的に、プロテスタントだった彼は、宗教戦争の巻き添えを喰って、ついにこのグロッタを完成させることなくバスティーユに投獄され、１５９０年代のはじめに命を落とします。しかし、彼の編み出した陶磁器の技法は、それから約３００年後にもう一度花開き、ナポレオン3世の姪にあたるマチルダ姫や当時のブルジョワ階級の人々に大変もてはやされたのです。

バルボティン陶磁器には、当時万博で紹介されるようになった日本の文化が影響しているそうです。日本では、桜の季節には桜柄、秋には紅葉柄の陶磁器と、食卓に季節感を取り入れるのが常ですが、バルボティン陶磁器のおかげで、フランスでも同じような習慣が生まれました。春の訪れを意味するアスパラガスや、Rのつく月に食べるといわれる牡蠣モチーフがそれです。もともとアスパラガスの陶磁器は、1870年の普仏戦争の敗北によってドイツにとられたアルザス・ロレーヌ地方の陶工たちが、新しい顧客であるドイツ人が最も好む野菜をモチーフにして作ったのが始まりだそうです。そんなふうに生まれたアスパラガスのモチーフは、当時150以上ものヴァリエーションに富んでいたとか！　現在でも、水切りの穴があいた大皿、アスパラガスを束ねたU字型、また、オランデーズソーズを入れる仕切りのついた銘々皿まで、アスパラモチーフだけで沢山のものが存在しています。

同様に、アルザス・ロレーヌ地方の花、アザミ

右●色とりどりで見ていて楽しくなるバルボティン陶磁器の皿。
左●南仏のヴァロリス窯で作られたマシエ作の花モチーフの陶磁器はコレクターズアイテム。皿 250 ユーロ、メニュー立て 1,400 ユーロ、蝋燭立て 2,200 ユーロ。

右●ショップの2階は藤製の家具を扱っている。
左●バルボティン陶磁器研究家として、様々な展覧会の監修も務めるローランス・ヴォークレール女史。

モチーフもありますが、アール・ヌーヴォースタイルに通じるナチュラリズムが取り沙汰された時代らしく、花、昆虫、動物などが独特のフォームと色合いで表現されていて、バルボティン陶磁器が食卓に1枚あると大変絵になります。

蚤の市でも手に入るバルボティンですが、様々な歴史や逸話とともにその魅力を語ってくれるのは、クリニャンクールとパリ7区にショップをもつマダム・ヴォークレールです。研究者として本も出版している彼女の店には、1枚100ユーロの手頃なものから、ベルナール・パリッシーの影響を受けた1842年のシャルル・ジャン・アヴィソーや南仏ヴァロリス窯のアトリエ・マシエのカエルシリーズ、19世紀後半の動物モチーフのピッチャーといったコレクター垂涎の逸品まで、バルボティン陶磁器のAからZまでが揃います。陶磁器に鉱物顔料をペイントしてからエナメルで酸化させせながら焼くため、ひとつとして同じ色合いのものが存在しないバルボティン陶磁器は、フランス陶磁の輝かしい歴史を物語る大切なオブジェなのです。

鏡の家具

Meuble en Miroir

インパクトと稀少性で人気沸騰中

ヴェルサイユ宮殿さながらのグラムールな
雰囲気をもつ鏡の家具。時計 650 ユーロ。

昨今はレストランで済ませてしまう人が多いのかもしれませんが、プライベートで知り合ったフランス人とより密接な関係を築き上げたいと思ったら、家に招待し合うのがマナーでした。彼らは「住まい」へのこだわりが強く、「住まい方」は、人となりを象徴するものと信じて疑いません。ですから、人を招いた場合はどんなに狭い家でもトイレの場所から寝室まで、ひと部屋ひと部屋案内しながら家族構成と自分がどんなスタイルで生活しているのかを説明するのです。最初はお茶でもアペリティフでも構いませんが、招かれたら招き返すのが常識。こうした儀式を経てお互いの生活をさらけ出し、フランスでは初めて本当の交友関係がスタートするのです。

そんなわけで、これまで、様々なフランス人のお宅に伺う機会がありましたが、住んでいる場所からインテリアの好みまで、その人となりにぴたりと一致していてセンスの良さを感じるのが、友人でもある宝石商のマダム・カーズ（宝飾時計▼12ページ）です。8区のひとり暮らしのアパルトマンは、ショップからも近く大統領官邸にすぐそばにあり、キッチンは小さめ、その代わり収納スペースはたっぷりあるメザニンスタイル。また、イタリアン・バロックのアンティークとつや

Giraud Art Deco

ジロー・アール・デコ

91 rue des Rosiers 93400 Saint-Ouen

01-40-12-87-99 M Porte de Clignancourt

OP 9時半～18時（金曜は13時まで） CL 火曜～木曜

dg@artdeco-giraud.com

URL www.artdeco-giraud.com

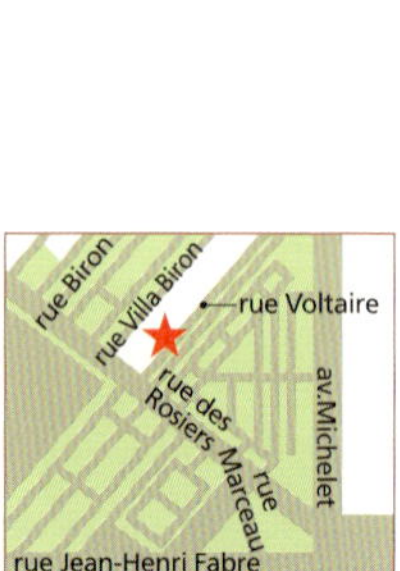

右●大きなトレー、ボトルトレーとナイフレストのセット。　中●フォームが素敵なヴェネチアの鏡450ユーロ。　左●縁の欠けがなく、縁に見えるものを選ぶこと。

消しの金のメタル細工が美しい「スタイル37」の家具が上手にミックスされたドラマティックな空間で、まさしくゴージャスでフェミニンな印象の彼女にぴったりのアパルトマンでした。

アール・デコの時代、家具にはアフリカから大量に輸入され始めたエキゾティックな木材やアルミ、漆など、あらゆる素材が用いられるようになりました。そうした家具文化が円熟した1937年に「現代生活のなかの国際的アートとテクニック」の博覧会が開催されると、ガラスやメタル、サテンといった光沢のある素材やドレープで、ギリシア・ローマ時代の古典主義やバロックスタイルを思わせる優雅でドレッシーな印象を受ける「スタイル37」が生まれてきます。

当時一世を風靡したデザイナーは、アンドレ・ブルトンやダリといったシュールレアリスムの芸術家からも多大な影響を受けたジュール・ルルーやアンドレ・アルヴュス、エミリオ・テリーといった作家たち。彼

らの家具は、ヘレナ・ルビンシュタインといった女性の先駆者に愛され、彼女たちの名声とともに広く一般に知られるようになります。

鏡も、「スタイル37」のデザイナーに愛された素材です。ガラスの裏側から花模様を彫刻し、彫刻部分に銀や金の箔をかけて鏡の表面に張りつけ、ガラス細工の把手をつけたミラー・ファニチャーは、ヴェルサイユ宮殿の鏡の間を連想させる、華やかでグラムールな印象。こうしたミラー・ファニチャーは、ヴェニスやフランスで作られ、ロー

上右●ロココ調、アール・デコスタイルと、好みに合わせてフォームが選べる鏡の家具。ちなみにドレッサー 2,400 ユーロで、日本までの送料は 600～ 1,000 ユーロほど。
下右、上左●ミリアム・ハスケル、ジャリンヌ他、パリでは入手困難なアメリカのコスチューム・ジュエリーも手に入る。 下左●手鏡 140 ユーロ、小箱 120 ユーロ～。

トレックのポスターにも登場する歌手ミスタンゲットなど、パリのショービジネスのスターの間で大流行りしました。また、戦後はアメリカにも輸出され、ハリウッドの銀幕スターたちに愛され大ブームを巻き起こしたそうです。

クリニャンクールの目抜き通り、ロジエに面した「ジロー・アール・デコ」は、このミラー・ファニチャーとパリでは珍しいアメリカ製のコスチューム・ジュエリーの専門店です。オーナーのドミニックとフィリップは、17年前からこのミラー・ファニチャーを扱う店をマルシェ・ドルフィンで営んでいました。すでに作れる職人のいない稀少性の高い家具であるうえ、ここ最近のスパンコールやスワロフスキーブームで人気が沸騰し、路面店を構えるまでになったのだと語ります。

鏡の家具はインテリアのなかに1つあるだけでもインパクトが強く、また、部屋が広く見えるという視角効果も狙えるので、狭い部屋でも案外合わせやすいのが利点なのだそう。選ぶときは、縁のガラスの欠けが少なく、白ではなく、グリーンに輝くものを選ぶのが偽物を掴ませられないポイント、と教えてくれました。

右●美しいものを愛するドミニックとフィリップのショップ。　左●クリニャンクールの目抜き通り、ロジエに面した路面店。

インダストリアル・アート

Objet d'Industriel

庶民生活を伝える個性的な廃品たち

一見ハードなインダストリアルアートもキャロリーヌさんのひと手間によって女性らしさが加わっているのがカローシュの商品の特徴だ。

アンティークといえども、庶民の暮らしの移り変わりや時代性の影響によって流行り廃りがあることは否めません。本来、アンティークの定義は「100年以上経た美術品」とされていますが、古いものがどんどん姿を消している今、アール・デコスタイル（1925年のパリ万博によって世界的に大流行したスタイルで、その流行は第二次世界大戦まで続く▼56ページ）はすっかり「アンティーク」の分野に組み込まれていますし、北欧に代表されるミッドセンチュリー（1950年代）の家具も「ヴィンテージ」と呼ばれて珍重され始めました。

ヴィンテージは、もともとは古いワインやオールド・カーに用いられた専門用語ですが、私自身は、古くても取るに足らないものを「ブロカント」（古道具）、需要と供給によって「ブロカント」に付加価値がついて値段が上がったものを「ヴィンテージ」というふうに勝手に定義づけしています。また、「ヴィンテージ」は流行が去ることで「ブロカント」に格下げされることもありますし、「ブロカント」のなかにも魅力的で手に入れたいと思うものも沢山あります。それに、アンティーク収集の一番の醍醐味は、まだまだ手頃な値段で購入できる「ブロカント」のなかから、「あら！　それ、いいですね〜」と、人か

Carouche

カローシュ

18 rue Jean Macé 75011 Paris
01-43-73-53-03
M Faidherbe-Chaligny
OP 11時〜19時
CL 日曜、月曜、7月中旬〜8月中旬
URL www.carouche.typepad.com

右●店内だけでなく、店までのアプローチもキャロリーヌさんのアート空間。道にペンキで足跡を描いたり、思わず微笑んでしまう楽しい工夫がされている。 左●笑顔が可愛いキャロリーヌさん。

ら羨ましがられるものを見つけることだとも思っています。

そんななか、最近「ヴィンテージ」の仲間入りをした人気沸騰中のアンティークといえば、１９２０年代から70年代の工場やオフィス、倉庫から放出されたインダストリアル・アートに軍配が上がります。

60年頃までは、長い間家具職人がアトリエを構えていたバスチーユ界隈。この辺りには職人たちが集まる昔ながらのカフェやビストロが建ち並び、その魅力的なロケーションで映画や雑誌の撮影に使われることもしばしばあります。

そんなバスチーユにあるキャロリーヌさんの「カローシュ」は、人気のインダストリアル・アートにひと手間加え、個性的で女性らしいインテリアとして販売する店です。大学でアート・ヒストリーを学んだ後、お父さんとともにオールド・カーのレンタル会社を経営していたというキャロリーヌさん。両親がアメリカに移住するこ

右●液体石けんを吊るしていたボトル。2個で 100 ユーロ。　中●両親が住むアラバマのフリーマーケットで手に入れた郵便局の窓口 1,600 ユーロ。　左●実験室のビーカー、試験管は 50 サンチーム〜。

とを決めたことをきっかけに、インダストリアル・アートを購入、修復する趣味を仕事にしようと決心したのだそうです。

　そうして探し始めると、フランスには不要になってしまったインダストリアル・アートが溢れていることに気付きました。中国製品の普及によって閉鎖を強いられてしまった18世紀から続く糸の産地、北フランスの製糸工場で完成した糸を入れていた箱や、長靴下の名産地、トロワで靴下を編むときに用いられていた脚型。また、遺伝子組み換えが一般化し、役割を失った飼料製造所からは実験室で用いられていたビーカーや試験管が何万本も放出されました。またパリでは、家賃や税金の値上げによって個人経営の会社は経営困難になり、大手旅行代理店に席を譲っています。店舗の改装によって外された看板は、皮肉な

右●綺麗な黄色に塗られた70年代のタンスは雑誌のリフォーム記事にも紹介された。290ユーロ。　中上●油ひきした箱60ユーロ。　中下●アルファベットは人気アイテム。　左●オブジェとして面白い靴下工場の型30〜40ユーロ。

ことに一番人気のアルファベットのオブジェとして店頭を飾られているのです。

そんなある日、キャロリーヌさんは、世の中の進歩と社会の在り方の変化によって役割を失ったインダストリアル・アートは、いわばフランスの庶民生活の生き証人でもあると気付いたのです。それ以後、彼女はますますインダストリアル・アートに愛を感じ、自らのセンスを駆使して見栄え良く修復し、次なる担い手に受け渡したいと心を砕き始めました。

インダストリアル・アートのショップは、今、フランス中に溢れ始めています。とはいえ、彼女のようなやり方でオブジェを蘇らせている業者は稀です。キャロリーヌさんの手によって生き生きと生まれ変わったインダストリアル・アートは、誇らしげに次なる持ち主を待っているようにも見えました。

民芸は、いくつかまとめて取り入れることで、ほっこりした素朴なインテリアを創り上げることができる。

アート・ポピュレール

Art Populaire

民族の伝統を感じる「民芸」の温かさ

フランスという国は、いくつもの公国がまとまってひとつに統一された歴史を持つため、それぞれの地方にまったく違う文化が根付いています。そのため一言で「フランス」とくくれない場合もしばしば。

そんなこともあり、地元の住人たちはそれぞれ我が故郷のチャームポイントや異文化具合を声高らかにアピールします。例えば、私が暮らしたブルターニュにはアイルランドやスコットランド同様ケルト信仰が深く根を張り、教会や民族衣装にトレードマークの渦巻き状のモチーフが見られたり、ドルメンやメンヒルといった巨大な石群の驚異的な風景に出会うことができるとか。また、長い間イタリアの一部だったアルプスや南仏の村々では、フランス料理というより異国情緒溢れるイタリア料理が食べられるんだよ、といった具合に……。いつぞやは同年代のブルターニュ生まれの友人が、「小学校ではフランス語でなくブルターニュ語で授業を受けていた」と少し自慢げに語ったときは、「いったいいつの時代の話をしているのかしら？」と我が耳を疑ったことも、ついこの間のことのように思い出します。

以前、自著のなかで「フランスの地方の骨董市を覗けば、人々の営みから必然的に生まれたアンティークを通して、地方ごとの独自の歴

Raphaël Bedos
ラファエル・ブド

41 quai de l'Horloge 75001 Paris
01-43-54-72-72 Pont Neuf
10時半～19時 日曜、祝日
raphael.bedos@orange.fr
www.raphaelbedos.com

右●もともとある店を 1997 年に引き継いだというラファエル・ブドさん。　左●フランス中部の山間の地でつくられた木工細工。手前は市でバターを売る際に用いた刻印。このマークでだれのバターかわかるしくみになっている。

史と文化がわかる」と書いたことがあります。その信念は未だに変わることなく、ヴァカンスを兼ねて訪れる地方の骨董祭では、アンティークの値頃感はもちろんのこと、かつてその土地に富をもたらした美しいクラフトに出会うことが楽しみのひとつになっています。
日本でも、もともと芸術品として作られたものではない民衆の日常品に芸術性を見出した柳宗悦が、「実用の美」を唱える民芸運動を広めたことは有名です。そうした手工芸品が２００８年、ヨーロッパに吹き荒れる日本ブームに伴い、「ＭＩＮＧＥＩ」展としてパリのケ・ブランリー美術館で紹介されました。日本の近代工芸品が世界で初めて紹介されたのはまさに快挙ともいえること。世界の果てに居ながらもインターネットで都会と同じ情報が入手でき、表参道でシャンゼリゼと同じブランド品が購入できる現代だからこそ、世界中が「オリジナリティー」を求め始めている。そんなムーブメントに乗って、やおら見直され始めたのが

結婚式の晩餐で新郎新婦が用いるために作られたスプーンには、男女とハートやハトが彫られている。19世紀、アルプス製 1,800 ユーロ。

「民芸」だといっても過言ではないでしょう。

パリジイと呼ばれたガリアの漁師たちがセーヌ川の一番大きな島、シテ島に住み着き始めたのは紀元前200年のことです。ノートルダム寺院やマリー・アントワネットが投獄されたコンシェルジュリーがあるシテ島は、パリの発祥の土地です。

現在シテ島には、オルロージュ（時計）やオルフェーヴル（金銀細工）と名付けられた通りがありますが、ここにはギルド制が敷かれた中世の時代、貨幣と同じ価値のある金銀を扱う金銀細工師や時計職人、また進歩的な科学者や天文学者が住み着いたことで知られます。また、この通りにはルイ16世の時計職人アブラアン・ルイ・ブレゲのアトリエがあったことでも有名です。

パリに居ながら地方のマーケット巡りができてしまう「民芸」を扱うラファエル・ブドさんの店は、このオルロージュ通りにあります。まず、入り口で私たちを迎えてくれるのは、「マレシャル」と呼ばれる蹄鉄工が、馬の脚の癖に合わせた蹄鉄をオブジェ風に並べて作った看板です。そんな看板さえ、見

上右●バターや水を入れておいたサヴォア地方の陶器90〜300ユーロ。手前は、ブタが主流になる以前の定番だった、女性の胸をモチーフにした貯金箱。　上左●靴屋さんのコンパスとナイフ。　下右●セリアルを保存していた桶 400 ユーロ、シャベル 230 ユーロ。　下左●アルザス地方の陶器 80 ユーロ〜。美しい光沢のモミの曲げ木の箱には頭巾をしまっていた。320 ユーロ。

17世紀、コーヒーは非常に高価だったため、クルミの木のコーヒーミルにもダマスキネと呼ばれる銀に彫金した手の込んだものが残っている。15,000ユーロ。

方を変えれば立派な芸術品になるのが「民芸」の面白さ。まさに「民芸」は自らのセンスや感性の豊かさが試されるものなのです。

ブドさんの話によると、人類博物館の片隅に押しやられていた19世紀の「民芸」は、1957年にブローニュの森に民芸資料館ができたことによって日の目を見るようになりました。とはいえ、1980年代までは地方の蚤の市で手工芸品が驚くほど安価で売られていたそうです。

それらの手工芸品が大変高価な貴重品になったのは、アメリカ人が大型トラックで山奥の村々を訪れ、見つけたものを総ざらいして輸出し始めてから。民族の伝統を重んじながら祖先が手作りしたクラフトを大切に用いてきた村民は、それらの実用品が思いがけない高収入につながることを知り、今まで食卓で使っていた木製のスプーンを売ってステンレスのスプーンを使い始めたのだといいます。

心ない外国人によって昔ながらの風習が破壊されていくという話は文化の国フランスにおいても同じこと。世の常を語るでき事に、胸が締め付けられるような切ない思いを感じました。

年間6か月も雪で閉ざされてしまうアルプスで、冬の間に手間暇かけて作られてきたクオリティーの高い木工細工やテキスタイル。また、保存食として大切なチーズの型や塩漬け肉を作る陶製のボール、ジャットなどは、この地方の食文化がもたらした工芸品です。今でも大量生産で同じようなものは作られていますが、色合いが派手だったり雑な作りだったりして、目の肥えた人には違いが一目瞭然。

かつては男性ファンのものだった「民芸」ですが、最近は少し高くてもパリのモダンなキッチンに牧歌的なクラフトを飾り、温かみのある空間にしたいと思う女性コレクターが後を絶たないそうです。村からは代々伝わる工芸品が姿を消しつつありますが、ブドさんのような救世主がいる限り、フランスの地方の伝統はかろうじて守られ続けているのです。

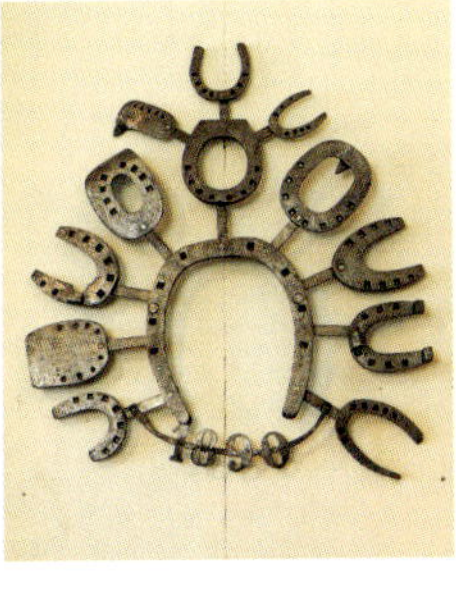

右●可愛いサイズの子供用の椅子 400ユーロ。　左●馬蹄細工師の看板は、ユニークなオブジェになる。4,500ユーロ。

バッグ

Sac

レディーの手元は
エレガントな装いで

今のものとは比べ物にならない贅沢な作りのバッグ。
右 390 ユーロ、中 220 ユーロ、左 330 ユーロ。

ここ何年も、12センチ×10センチほどの大きさのエルメスの小さな手帳を愛用しています。「そんなんで予定を書くのに足りるわけ？」としょっちゅう尋ねられますが、もちろん足りるわけはなく、仕事の予定はまた別に書き留めています。そんな不便なことまでして、何故そんなに小さな手帳にこだわるかといえば、女性の持ち物はなるべくコンパクトなほうがエレガントだと思っているからです。

　夜の外出ならバッグに入れるのは最小限、ハンカチと口紅と小銭くらい。本当なら携帯も持たず、雑用から支払いまで、細々とした用事は全部パートナーがエスコートしてくれるのが理想です。しかしながら、夢と現実にはいつもギャップがあるものです。そんなわけでお気に入りのバッグは、仕事用の書類がすっぽり入る大きなものか、ある程度必要不可欠なものが入るエレガントなアンティークのどちらかを愛用しています。

　1900年初頭まで、淑女の外出には御者やお手伝いさんが付き添っていました。また買い物もつけが一般的で、後から月々の請求がくるといったふうでした。当然、夜の外出は夫か恋人が一緒。当時の女性たちは、未婚、既婚を問わず、パートナーの富に比例したドレス

Au Grenier de Lucie

オウ・グルニエ・ド・ルーシー

Marché Vernaison Magasin25 Allée1
99 rue des Rosiers 93400 Saint-Ouen

44-77-68-73-51-43（イギリス）

M Porte de Clignancourt　OP 9時〜18時　CL 火曜〜金曜

jandh@augrenierdelucie.com

URL www.augrenierdelucie.com

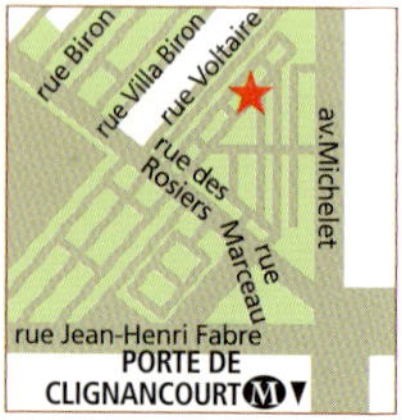

やジュエリーを身に着けてお洒落を競ったものです。いうなれば、女性自体が男性のアクセサリーでした。

そんな習慣が様変わりしたのは、第一次世界大戦終了後のこと。この時代に、女性のお洒落に革命が起きて、バッグの大きさも変化しました。それまでは、シャトレーヌと呼ばれるキーホルダーのようなものを腰にぶら下げて、鍵や時計、ポルト・ルイと呼ばれる小銭入れを身に着けるだけでよかったものが、自分自身で稼いだお金でお洒落をし、一人で外出するようになった女性たちは、財布や手帳、コスメティックから煙草まで、身の回りの品々を入れる大きさ

右●シルバーのフレームも美しく、内側にも愛らしいブレードが張られたアール・ヌーヴォースタイルのバッグ。
左●年代も作られた国も様々なバッグが手に入る。

のバッグが必要になってきたのです。

そうして生まれたのが、冬はレザーやヴェルヴェット、また、春から夏にかけてはコットンメッシュや更紗といった季節感のある素材のバッグです。また、当時の夜会で流行の最先端は、ストンとしたビーズドレスにコーディネートした、長い房付きのバッグでした。素材はドレスと同じビーズやベークライト素材（プラスチックが生まれる以前の素材）が好まれました。また、水戸黄門の印籠をイメージして作られたバニティー・ケースや宝石商ヴァン・クリーフ&アーペルが商標登録して、大ヒットしたマルチケース「ミノディエ」（フランス語で「魅了する」という意味）など、櫛から化粧パフまで収納できる、ジュエリーさながらのお洒落なバッグも登場しました。

戦後は、戦勝国アメリカで流行した、把手がお洒落なレーヨンを編んだコードバッグやボックス型の「ルースサイド」バッグなど、ポップでキュートなものが沢山登場し、「ヴォーグ」や「ハーパース・バザー」といったファッショ

櫛、タバコ、口紅まで入る、べっ甲のマルチケース。使い終わったらヴェルヴェッドの型に入れるとバッグになる仕組み。625ユーロ。

右●バッグ以外にも、コスチュームジュエリーや香水ボトルなどが手に入る。キャッシュのみ受けつけるが、必ず10％割引してくれるそう。
左●22年間、学校の体育の先生だったエリス夫妻。

ン雑誌を通して世界中で流行します。こうしたアンティーク・バッグは、バッグを開くと蓋裏にお化粧直しができる鏡がついていたり、同素材の財布が内ポケットに隠されていて、女心を熟知した作りになっていることに感心させられます。

クリニャンクールのヴェルネゾンにショップをもつイギリス人夫妻エリスさんは、22年前からショップを営んでいたお母様の跡を継いで、ショップをリニューアルオープンしました。買い付けはイギリスなので、フランス以外の様々な国のものが集められていますが、そのどれもがお洒落の都パリならではの、きらりとしたセンスが光る個性的なものばかりが集められているのです。

こうしたバッグを購入する際のポイントは、弱くなりがちな把手や裏地部分をよく確かめること。また、あまり重いものを入れないように大事に用いることが大切です。

Sam Antiquités

サム・アンティキテ

Marché Vernaison Stand138 Allée7

フランス式婚礼タンスの思い出

ノルマンディー地方を旅したときに、宿泊先のシャトーホテルにとても美しい彫刻がなされたタンスが置かれていたことがあります。見覚えのあるそのモチーフが、私が専門とするアンティーク・ジュエリーのなかでも、愛のメッセージを込めて贈った19世紀のセンチメンタルジュエリーに共通するものだとわかったのは、タンスから寝間着を取り出し、さて休みましょうかとベッドに横になってからでした。

もう一度部屋の灯をつけて、よくよく見ると、そこには薔薇の花や子宝を意味するぶどうの揺りかご、収穫や繁栄を意味する麦穂をくちばしにくわえている鳩と、そして固い絆を意味するドングリまで、すべて「LOVE」をテーマにしたものばかり彫られていたのです！　翌日ホテルのオーナーに尋ねると、これは「アルモワール・ド・マリアージュ」とか、「ギャルド・ローブ・ド・マリアージュ」と呼ばれる、花嫁が輿入れの際に服やリネンを入れて嫁ぐタンスだと教えてくれました。

その後、偶然、クリニャンクールの「サム・アンティキテ」でこの婚礼タンスに再会しました。2メートル40センチの高さのタンスは、アパルトマンには入らないことも多いため、パリではほとんど出回ることのない貴重なアンティークなのだそう。また、美しい透かし模様の錠前は、結婚による強い絆を意味するのだそうです。娘の人生の新たな門出を祝って父が家具職人にオーダーした婚礼タンス。その美しさには、幸せを願う気持ちに隠された、父の切ない想いも込められているような気がします。

Column
3

Ⅳ

アンティークを満喫するなら

ベル・エポック時代の店内には、ギャラリーなみのバルボティン・ピッチャーのコレクションが並んでいる。

ビストロ

Bistrot

オーナーのコレクションを
眺めながら一杯

フランス語では、古物を売買することを「シネ」するといって、アンティーク・ショップを「シネ」して廻るコレクターを「シヌール」と呼びます。フランスの「シヌール」たちは、アンティーク情報誌でスケジュールを確認し、フランス中で開催されるアンティーク市に足繁く訪れ、そうした専門誌の広告欄でコレクター同士情報を交換し合ってはコレクションを増やし続けているのです。

そんな筋金入りの「シヌール」の一人に、ミシュランの2つ星レストランを経営しているミッシェル・ロスタンさんがいます。私は彼のおふくろの味を取材させていただいたことがきっかけで、ロスタンさんがアンティークを愛して止まないこと、また、暇さえあればクリニャンクールを「シネ」していることを知りました。彼のコレクションはアンティークのメニューや料理本、ラリックのガラス、1930年代の陶磁器「ロブシュ」、バルボティン陶磁器等々と幅広く、納得するまで集めたら、そのコレクションを披露するビストロをオープンするという熱の入れよう。そのため店舗は増え続け、今ではガストロノミーレストラン以外に5軒もの店を経営しているのです。

そんなわけで、美味しい味を提供する彼の店は、いずれも沢山のコ

Le Bistrot d'à Côté Flaubert

ビストロ・ダ・コテ・フロベール

10 rue Gustave Flaubert 75017 Paris

01-42-67-05-81 Ternes

OP 12時15分～14時、19時30分～23時（土曜は夜のみ）

CL 日曜、月曜

reservation@bistrotflaubert.com

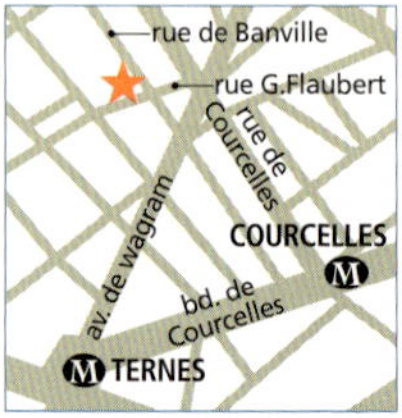

右●店の外観には、アール・ヌーヴォー時代に流行した、窓ガラスにエナメル装飾する「フィクセ・シュル・ヴェール」技法で描かれた絵が残っている。　左●オリーブオイル風味の骨付き子牛のキャセロール蒸し、グリーン・アスパラ添え29ユーロ（写真は2人前）。

レクションで埋め尽くされています。そんなロスタンさんのビストロのなかでも、一番思い入れがあるのが、本店の隣にある「ビストロ・ダ・コテ・フロベール」第1号店です。

昔からフランスでは、商品担当者とレジ係は別でした。そのため、まず商品を決めたら、そのとき渡された金額を書いた紙を持っていってレジで支払い、改めてレシートを見せて商品担当者から品物を渡してもらう仕組みです。100年前の食品店を改造した「ビストロ・ダ・コテ・フロベール」の店内には、その昔、レジ係がいらなくなった紙切れを捨てたケースが残っていて、当時の様子を留めています。また、入り口脇のガラス窓にもアール・ヌーヴォーの曲線を描く窓右●店内の一角にはミシュランのコレクションスペースも。
左●バルボティンのモチーフは、風変わりであればあるほど、コレクターには人気があるのだそう。

枠とエナメル画があるなど、建物自体もアンティークなのもまた、アンティークマニアのロスタンさんらしいこだわりです。

　この店にあるロスタンさんのコレクションは、バルボティン陶磁器のなかでも探すのが一番難しいとされるピッチャーばかりです。壁一面に陳列されたピッチャーは、軽く100個はあるでしょう。人間を真ん中にして左右に豚とネズミを置いたり、グロテスクな顔のものは表情が生きる角度に置かれるなど、展示の仕方にもちょっとした工夫がなされています。もちろん、打ち合わせも兼ねてロスタンさんは毎日ビストロを訪れ、その都度大切なコレクションを眺めたり、手に取ってみてはほくそ笑んでいるそうです。

　また、この店では、ガストロノミーレストランと同じ品質の素材を素朴なビストロ料理に

左●ベル・エポック時代の雰囲気を色濃く残した店は、ほぼ連日、常連客によって満席となる。 右●19世紀は「カリカチュール」と呼ばれる風刺をテーマにしたピッチャーがたくさん作られた。

仕上げて提供してくれます。そのため、定番的にあるブレス産の鳥の丸焼きといったクラシックなビストロ料理やロスタンさんの生まれ故郷、ドフィネ州のジャガイモのグラタンの他に、冬はトリュフ、夏はオマール海老などの高級素材が季節ごとのメニューに加わります。また、量もルクルーゼ鍋でドドンと豪勢に出てくるのがビストロらしく、仲間でシェアしながら楽しめます。

シェフのジョナサン・ドゥアメールさんは、ロスタンさんのガストロノミーレストランで4年間修業を積んだキャリアの持ち主。星付きレストランのテクニックを駆使しながら、幼少時代に味わったママンの味を再現することに心を砕いていて、バターで調理した最後にヴァージンオリーブオイルをひと匙加えたり、フレッシュハーブの爽やかな香りを添えるのが、現代風ビストロ料理のテクニックだと話します。

「シヌール」にとって、珍しいアンティーク・コレクションに囲まれながら美味しい料理に舌鼓を打つのは至福のときです。ロスタンさんのアンティークへの飽くなき探求は当分尽きることがなさそう。次なる店も目が離せません。

レストラン

Restaurant

18世紀の主役たちが集った大邸宅でフランスを味わう

豪華なヴェネチアのシャンデリアと 18 世紀のタピスリーが飾られた「ル・サロン・ポンパドール」。

マダム・ド・ポンパドールのセーヴル窯が憧れのテーブルウェアとなり、マリー・アントワネットの奇抜なファッションに皆が右へ倣えをした18世紀のヨーロッパでは、太陽王ルイ14世が贅の限りを尽くして築いたヴェルサイユ宮殿のマナーがすべて王室の模範となりました。当時、フランス語はヨーロッパ王室の共通言語でもあったそうです。革命でヴェルサイユ宮殿での夢のような暮らしぶりと貴族制は崩壊したものの、そんな18世紀のフランスに憧れ続けるお金持ちの外国人は20世紀になっても後を絶たず、パリに居を構えるときには建築スタイルから内装、アートまで、すべて18世紀スタイルにまとめ上げたといいます。その熱狂的な18世紀趣味は、今でもパリのジャックマール・アンドレ美術館やカモンド美術館で垣間見ることができます。

また、この時代、フランスには素晴らしい職人が溢れ、彼らの作った家具や装飾品は世界中に輸出されていました。アンティークの最高作品について語るとき、この時代を無視することはできません。昔は、お金持ちのお宅にお邪魔すると、ルイ15世スタイル（1715〜74年の美術様式）や16世スタイル（1774〜91年の美術様式）のトータルルックで飾られていることが少なくありませんでした。現在でも、年

1728

1728

8 rue d'Anjou 75008 Paris
01-40-17-04-77 Madeleine
OP 12時〜15時、19時半〜24時
（オーダーストップ22時40分。土曜はランチなし、14時30分からティータイム） CL 日曜、祝日
URL www.restaurant-1728.com

右上●カップルにお勧めしたい静かな中国趣味の個室。　右下●18世紀はヨーロッパで第二次シノワズリーブームが起きた時代でもあるため、インテリアの細部にオリエンタリズムが感じられる。　左●総面積450m^2は、美しい18世紀のオリジナルの寄木細工の床に覆われている。

配の方のお宅では、これらのスタイルが彼らの社会的地位を象徴しています。そんな理由もあって、時にパリジャンの根拠のない自信過剰やスノッブさに出会うと、私は辟易すると同時に、飛ぶ鳥を落とす勢いだった「18世紀の黄金時代」の記憶がそうさせているのではないか？と疑ってしまうのです。

パレ・ロワイヤル広場からテルヌ広場まで延びるサントノレ大通りは、フランスをはじめ世界中の高級ブランド・ブティックが軒を連ねるパリのファッションのメッカです。そんなサントノレ大通りの「エルメス」の裏手にレストラン「１７２８」があります。

その名の通り、１７２８年に建築家、マザンによって建てられた大邸宅では、エヴリュー宮からエリゼ宮に引っ越すための改装時に、ポンパドール夫人が貴族と芸術家を招いたサロンを開きました。また、ルイ16世の側近として、アメリカ合衆国の独立のために功績を残したラファイエット侯爵が長年暮らした場所としても知られています。自由と平等を掲げ、王政復古の時代は国民議会議員としても手腕を振るった侯爵は、時代のヒーローともいわれる存在でした。当時、海外からフランスを訪れた政治家の全員が、彼に会いにこの館を詣でたといいます。「1728」は、18世紀のフランスの歴史の中心人物とそれを囲む人々が集う重要な場所だったのです。

そんな華やかな時代とは裏腹に、建物は第二次世界大戦後に廃墟と化し、その後は単なる事務所として使われていました。この物件がフランス人実業家のシュエ氏と、シターという弦楽器奏者である中国人の奥方の目に留まったのは2001年のこと。18世紀のフランス美術のコレクターであるお二人は不動産屋から紹介されたこの物件が「歴史の宝庫」であることを即座に感じ取り、早々に購入を決めたといいます。

右●画家、アラン・ル・ヤウアンクによって描かれたメニューには、200種ものビオ・ワインがコメント入りで載っている。　中●個人の邸宅のような、アンジュー通りの門を入った左側がレストランの入り口。見落としやすいので注意して。　左●メニューは18世紀の楽譜置きに入れられている。

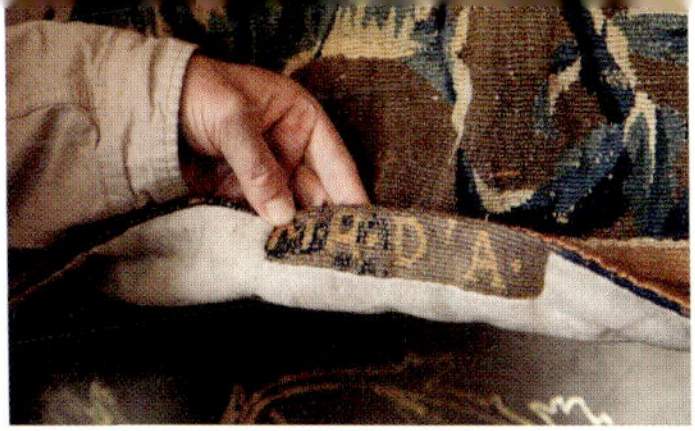

引っ越しすると新しい壁の大きさに切断されることが多いタピスリー。そのため作家のサインが残るオリジナルのサイズのものは非常に貴重。

右●リヨンの絹を一躍有名にしたデザイナー、フィリップ・ド・ラザルのオート・ポートレ。　左●モルトウイスキー「バンフ」など、食後酒にも力をいれている。

そうして450平方メートルのアパルトマンの改装を始めると、驚くべきことに素っ気ない現代風の床の下からは18世紀の寄木細工の床が、漆喰の下からは美しい神話のフレスコ画が現れました。また、二人はアメリカに渡ってしまった18世紀の板張りの壁を探し出して購入し、元ある場所に戻しました。すべての部屋の修復が完了し、館の歴史とインテリアに調和する美術品をオークションで競り落とし、300年近く一度も動かされたことのなかったように飾り付けるのに、なんと、4年半の歳月がかかったといいます。18世紀にかける彼らのその熱意たるもの、頭が下がる思いです。

現在も18世紀さながら、海外からパリを訪れる政治家や芸術家のオフィシャルディナーによく使われるという「1728」。18世紀のフランス、そして、フランスという「国」を理解するのに、是非とも足を運びたいレストランです。

ホテル

Hôtel

現代デザイナーが作った
古きよきフランスに泊まる

ダマスク織の布張りで、ヴェルサイユ宮殿の
オペラ劇場をイメージした客室。

パリでアンティークを学んでいた時期、何より嬉しかったのは学んだばかりの建築スタイルや装飾用語が、街そのものに溢れていたことです。授業を終えてパリの街を歩けば、建物の外壁や公園の彫刻、またレストランの照明まで、先ほど先生が教えてくれたものが次々目に飛び込んできます。真面目に暗記すればするほど、それらが自分のなかで知識として培われる喜びといったらありません！　現在アンティークを教えるカルチャーサロンを主宰していますが、この「学びの実感」だけは東京では伝えられないのが残念でたまらないことです。

パリのなかで、そんな「学びの実感」を最も肌で感じられるのが、17世紀から多くの貴族が「オテル」と呼ばれる大邸宅を築き上げた3区から4区、市庁舎広場からバスチーユにかけて広がるマレ地区です。この界隈には、ヴォージュ広場を見下ろすヴィクトル・ユーゴーのアパルトマンをはじめ、当時の様子を留める美しい庭付きの一軒家が建ち並び、現在はパリの歴史博物館、カルナヴァレ美術館や美術関係の蔵書の多いフォルネイ図書館として用いられています。また、この界隈はユダヤ人やゲイ・ピープルが好んで住む地区としても知ら

Hôtel du Petit Moulin
オテル・デュ・プティ・ムーラン

29-31 rue de Poitou 75003 Paris
01-42-74-10-10　Fax 01-42-74-10-97
M Filles du Calvaire、Saint Sébastien Froissart
contact@hoteldupetitmoulin.com
URL www.hoteldupetitmoulin.com

右●ヴェネチアの鏡が配されたことで、便利だけなバスルームに情緒的な雰囲気が宿る。
左●17 世紀のパン屋の名残を残す螺旋階段。

れていて、イディッシュ（ロシア・中央ヨーロッパ系ユダヤ）の食材店や夕方以降はゲイ・ピープル一色になるカフェなどによって、他の地区とは一線を隔てるエキゾティックな雰囲気を醸し出しています。

そんなマレ地区の北側、細い小道が複雑に交差し合う北マレは、昔ながらの庶民的な商店に交ざって、現代アートのギャラリー、若手クリエーターのブティックやヴィンテージ・ショップが続々オープンし、多くのプレスに特集される、今最も新しいパリの息吹が感じられる場所です。

そんな北マレに2007年にオープンしたのが、クチュリエ、クリスチャン・ラクロワがデザインしたことで知られる「オテル・デュ・プティ・ムーラン」です。外国人が憧れる、パリでも珍しい17世紀の古い梁と螺旋階段のある内装、また、20世紀初頭、ベル・エポック時代のパン屋のノスタルジックで美しいエナメル装飾「フィクセ・シュル・ヴェール」の外観に、こマレ地区を映した20世紀初頭の写真と今のマレを見比べてみた。変わったのはアスファルトの道くらいで、狭く入り組んだ道に建ち並ぶ建物の高さや風情は案外昔と変わりない。

の建物が培ってきた時の流れを感じます。このホテルのデザインにあたってラクロワは、文献を紐解いてマレ地区の歴史を調べ、この界隈に流れる独特の空気感を肌で感じとるために日々歩き廻ったといいます。また、自分自身でアンティークやパーツを選び、建築家に提案していったのだそうです。そうしてでき上がったホテルは、マレの伝統だけでなく、ラクロワ自身の生い立ち、また、イタリア人オーナーのパーソナリティーまで感じられるオリジナリティー溢れる空間です。

上●パリの歴史をそのまま留めた美しい天井画。
下●知らなければ通り過ぎてしまうそうな、パリらしいラグジュアリーなプティ・ホテル。

ダイナミックな花の写真プリントの壁がラクロワらしい。

ルイ15世スタイルの椅子を現代的に
ツイードで張り替えるアイデア。

17の客室は、天蓋ベッドのフレスコ画とダマスク織で飾られたデカダンな貴族の館風、また、南仏アルル地方出身のラクロワにちなんで、プロヴァンス地方のジュエリーや民族衣装の装飾を大胆に施したファッション性の高い空間や、ドラマティックに円形劇場を描いたものまで様々ですが、どの部屋もラクロワのコレクションを見るような、布使いの絶妙なバランス感と美しいフォルムのアンティーク家具がパッチワークのように配されているのが特徴です。また、食堂には昔ながらのカフェの亜鉛のカウンターとカラフルな1960年代の家具や、オーナー、マダム・ムラノにちなんだムラノ・ガラスの照明がコーディネートされたバロックな空間が広がっています。

最近はパリのホテルでもカード式のキーが多くなりましたが、ここでは昔ながらの、部屋番号を伝えてキーをもらうレセプショニストとのアットホームなコミュニケーションもサービスのひとつです。細部にわたる温かみのあるサービスに、ビジネスマンからファッション関係者まで、定期的に通う顧客で、オープン以来ホテルは満室状態。パリの伝統と現代の息吹を一度に感じる、まさに古きよき時代を今に感じるアンティークホテルなのです。

今思うと不思議な成り行きですが、5年にわたるフランス生活にピリオドを打ち、パリを引き揚げると決めたと同時に、パリにアパルトマンを購入しました。結果的にそれが良かったのか悪かったのかはわかりませんが、定期的にパリの空気を吸わないでいると「精神的酸欠状態」に陥るため、そこを拠点にしてフランスやヨーロッパ中を取材して廻ったりと、未だに根無し草のような行ったり来たりの生活がかれこれ15年も続いています。

そんな生活のなかで、アンティークでも見たことのない珍品や掘り出し物にこだわるあまり、しばらくの間、興味の矛先が地方のマーケットへ移っていました。そんな矢先に、「『パリ』にこだわるアンティークの本を出しませんか？」という、うれしいお話をいただきました。勝手知ったるはずのパリも、長く暮らした懐かしい日々はもう昔のこと。これを機会にと、改めてお気に入りのアンティークアイテムを訪ね、求めながら、普段旅行者としては足を運ぶ機会のないパリを隅々まで散策してみると、昔あった店が消えていたり、はたまた思わぬところで新たな発見があったり。偶然知り合った親切なディーラーさんのご好意で、通常なかなか覗く機会のないプライベートな生活空間を垣間見る機会に恵まれたのも、今、振り返ると

上、下右●1889年の万博の目玉として建てられたエッフェル塔。空に高くそびえる鉄骨の塔も、ディテールはアンティーク・レースのような美しさ。
下左●シテ島から見るパリで最も古い百貨店サンマリテン（現在は閉鎖中）。

懐かしい思い出です。この本のおかげで改めてパリのアンティークに触れ、その魅力を再確認しました。

そんな「パリのアンティークの魅力」を一言でいうなら、「時代に根付いた多様性」ともいえるでしょう。例えば、戦前のパリの社交界の女性がオーダーメードしたオートクチュール・ヴィンテージが、現在「人とは違うお洒落を競う」ファッションリーダーである女性たちの間で引っ張りだこだったり、山間の村々で、そのアイデンティティーを揺るぎないものにするツールとしてひっそりと受け継がれてきた「アート・ポピュレール」といった民芸品が、フランスに流れ入るアメリカ文化に対抗するように一気に浮上してきたり、そこには古きよき時代のパリの生活が投影されているとともに、今のパリのニーズが確実に反映されているからです。また、その一方で「手芸用品」や「文房具」といった、一見取るに足らない品々や「バギエ」や「ピケ」といったコレクターズアイテムまで、ありとあらゆる種類のアンティークが集まり、それらを探し求めて世界中からシヌールたちが集まるのもパリならではのことなのです。

サルコジ大統領の就任後、ますます国際化の波が押し寄せるパリですが、世界中でパリほどアンティークが似合う街はないかもしれません。裏通りのマルシェには未だ泥棒市の怪しい雰囲気が漂うクリニャンクールや、蜂蜜色の街灯に照らされたパレ・ロワイヤル広場のアンティーク・モール、また、シテ島のセーヌ河岸にマグリットのシュールな絵のようにひっそり居を構えるショップなど、アンティークを通して眺めるパリの街角は、「巴里」と漢字で書くのが似合う、映画のワンシーンやカルティエ・ブレッソンの写真のなかにある、かつてのパリの風情を色濃く留めています。

最後に、この本を作るきっかけを作ってくれたオフィス・スノウの大先輩、畑中三応子さん、初夏のパリの暑さと渋滞にもめげずにクオリティーの高い写真を撮ってくれた長年の仕事のパートナー、カメラマンの景山正夫さん、そして応援し続けてくれた友人たち、また、短い時間で素敵な本に仕上げることに励んでくださった書籍編集部の土居悦子さんと、デザインの松田行正さんと日向麻梨子さんに感謝の言葉を贈ります。本当にありがとうございました。

2009年10月

秋色の東京にて　石澤季里

石澤季里 Kiri Ishizawa

成城大学文芸学部ヨーロッパ文化学科在学中より、女性ファッション誌や料理雑誌の編集・制作に携わる。1989年、フランスの地方文化とフランス料理の知識を深めるためブルターニュ地方に渡仏。90年からパリに暮らし、フリーランス・ジャーナリストとして「FIGARO JAPON」ほか様々な女性誌で活躍するかたわら、アンティーク鑑定士養成学校IESAに通い、フレンチ・アンティークについて学ぶ。93年同校卒業。94年に帰国するも、そのままパリに居を構え、日仏を行き来しながら取材・執筆を続ける。2000年1月、カルチャーサロン「アンティーク・エデュケーション（現・プティ・セナクル）」を開校。同校のほか多摩美術大学等で教鞭を執る。専門はアート、アンティーク、食を中心にしたヨーロッパ文化と旅。著書に『フランスの骨董市を行く！』（角川書店）、『パリっ子16人のおばんさい』（小学館）等。
http://www.antiqueeducation.com

景山正夫 Masao Kageyama

1947年12月生まれ。桑沢デザイン研究所卒業。フリーカメラマンとして主に雑誌の海外取材を手掛ける。これまでに訪れた国は約40か国。近年は日本で桜の撮影に取り組んでいる。

パリ 魅惑《みわく》のアンティーク
2009年11月7日　初版発行

著者　石澤季里
写真　景山正夫
地図制作　デザインワークショップ ジン
ブックデザイン　松田行正＋日向麻梨子
発行者　五百井健至
発行所　株式会社阪急コミュニケーションズ
〒153-8541　東京都目黒区目黒1丁目24番12号
電話　03-5436-5721（販売）
03-5436-5735（編集）
振替　00110-4-131334
印刷・製本　凸版印刷株式会社

Printed in Japan
ISBN978-4-484-09241-6

FIGARO BOOKS　好評既刊

『ココ・シャネル　時代に挑戦した炎の女』

黒いミニ・ドレス、
ブレードで縁取りをしたジャケット・スーツ、
二色コンビのパンプス、
マトラッセラインのバッグ……

ファッションの一大帝国を築き上げた、
世界で最も有名な女性の人生。

ISBN978-4-484-09110-5
192 ページ／ 1400 円

『サガン　疾走する生』

人生そのものが最高傑作だった作家の
きらびやかな人生に秘められた愛と別れ——

18歳で「悲しみよ こんにちは」を発表、
世界的ブームを巻き起こした
フランソワーズ・サガンのデビューから
死までをエピソードで綴る伝記。

ISBN978-4-484-09106-8
392ページ／2000円

FIGARO BOOKS　好評既刊

『パリのお惣菜。』

『フィガロジャポン』の
人気連載が1冊に！

老舗シャルキュトリのスペシャリテから
世界各地の珍味・エスニックお惣菜まで、
街角でみつけた
「おいしい！」全65軒。

ISBN978-4-484-07223-4
232ページ／1600円

FIGARO BOOKS　好評既刊

『パリのおいしいおみやげ』

神田うのさんもご推薦、
パリのグルメな案内人、
一つ星レストラン「ステラマリス」の
マダム吉野に教えてもらおう!

パリジェンヌ御用達、
お持ち帰りできる美味の数々。

ISBN978-4-484-07217-3
128ページ／1500円